Alessandra

MW01715343

PRISONNIERS

BIOGRAPHIE

Petite fille, Lucy Daniels aimait beaucoup lire, et rêvait d'être écrivain. Aujourd'hui, elle vit à Londres avec sa famille et ses deux chats, Peter et Benjamin. Originaire de la région du Yorkshire, elle a toujours aimé la nature et les animaux, et elle s'échappe à la campagne dès qu'elle le peut.

ILLUSTRATIONS INTÉRIEURES : DAPHNÉ COLLIGNON

L'auteur remercie Lisa Tuttle.
Titre original :
Chasing the Dream
Dolphin Diaries est une marque de Working Partners
Limited, utilisée sous licence

Publié pour la première fois par Hodder Children's Books, Londres

Loi n°49-956 du 16 juillet 1949 sur les publications destinées à la jeunesse
Dépôt légal : février 2003
ISBN : 2 747 004 81 3

SPÉCIAL DAUPHINS

S.O.S. ANIMAUX

PRISONNIERS

LUCY DANIELS

TRADUIT DE L'ANGLAIS
PAR VÉRONIQUE FLEURQUIN

BAYARD JEUNESSE

L'ÉQUIPAGE DE l'*ÉTOILE BLEUE*

Jessica McGrath a douze ans, et une grande passion : les dauphins. Elle tient un journal de bord, auquel elle confie ses pensées les plus secrètes.

Gina et **Craig McGrath,** les parents de Jessica, sont océanographes. Ils ont décidé de partir avec leurs enfants pour une expédition scientifique d'un an à bord de l'*Étoile bleue*.

Sean et **Jimmy McGrath** sont les frères de Jessica, des jumeaux rouquins. Ils font toujours des bêtises.

Harry Pierce est le capitaine du bateau. Il est divorcé, et doit s'occuper de sa fille Brittany, qui a embarqué, sans que ce soit prévu, à bord de l'*Étoile bleue*.

Brittany Pierce est la fille du capitaine. Elle a treize ans, et un très mauvais caractère. Elle râle tout le temps.

Sam Tucker est le second du capitaine. Il a un petit faible pour Maddie.

Maddie est une jeune étudiante. Elle est l'assistante des McGrath, et également la préceptrice des enfants.

Docteur Jefferson Taylor est un chercheur un peu bizarre. Il a été imposé par la compagnie pétrolière qui a apporté des fonds pour l'expédition.

Mein Lin Zhong est une Chinoise, gracieuse et menue. Elle assure les fonctions de chef cuistot et de mécanicien.

Harry Pierce
Craig McGrath
Mein Lin Zhong
Gina McGrath
Docteur Jefferson Taylor
Jimmy McGrath
Sean McGrath
Sam Tucker
Brittany Pierce
Maddie
Jessica McGrath

1

Le 14 septembre, dans l'après-midi,

Fini, le merveilleux séjour à Port Dauphins... On reprend la mer tout à l'heure. J'écris près de la pouponnière, toute triste de devoir dire adieu à mes amies. Elles sont si mignonnes, et j'aurais tant aimé voir grandir leurs bébés! Charlotte et Dan ont promis d'envoyer plein de photos... Mais ce n'est pas pareil!

Ça a été génial, d'assister à la naissance de Câlin et Dragée. Toute la famille a adopté les delphineaux et leurs mamans... À mon avis, d'ici à la fin de l'expédition, on va être drôlement nombreux chez les McGrath!

Jessica posa son journal pour profiter des dauphins jusqu'à la dernière minute. Le bassin ressemblait à un jardin d'enfants aquatique. Misty nageait avec son petit. Blotti contre sa jolie maman à l'allure gracieuse, Câlin barbotait, pataud. Un peu plus loin, la grosse Évie allaitait tranquillement Dragée. Bella et Lola montaient la garde, veillant sur ce petit monde.

– Je parie que tes copines vont te manquer. Je me trompe ?

La voix de son père fit sursauter Jessica. Elle tourna la tête et vit que ses parents l'observaient, attendris.

– J'ai du mal à me séparer d'elles, avoua-t-elle.

– Je m'en doute, ma puce, dit sa mère en la serrant contre elle. Essaie de penser à ceux qu'on va rencontrer plus tard. Imagine, tant d'autres dauphins t'attendent avec impatience sur les mers du globe !
Le moral de Jessica remonta en flèche. Elle se mit à siffler pour expliquer aux pensionnaires de la pouponnière qu'elle ne les oublierait pas. Ses parents l'imitèrent. Attirée par le concert, Charlotte Lévy, la responsable de Port Dauphins, vint les rejoindre. Elle était accompagnée d'une jeune femme très brune que Jessica ne connaissait pas.
– Je vous présente Lisa Suarez. Elle fait partie de la LPC, la Ligue de Protection des Cétacés. Lisa, voici les McGrath. Je vous ai parlé de leur programme, Planète Cé…
– Planète Cétacés ! s'écria la nouvelle venue. *Ay mi !* Votre site web est une merveille !
Elle les gratifia d'un sourire éblouissant.
– Merci ! fit Gina, ravie.
Jessica était surprise. Ni Charlotte ni Dan

n'avaient mentionné qu'ils attendaient des visiteurs ce jour-là. Son père devait penser la même chose, car il s'enquit :

– S'agit-il d'une visite officielle ?

– Semi-officielle, répondit Lisa. Je me trouvais à Nassau pour une conférence quand j'ai entendu parler de la naissance de delphineaux. J'ai sauté sur l'occasion…

Elle leva les bras au-dessus de sa tête en signe de reddition et ajouta :

– J'avoue tout ! Je ne résiste pas aux bébés animaux, ils me font craquer ! Je suis certaine que vous les dorlotez, mais ma fonction m'a servi d'alibi. Je me suis dit qu'une petite inspection ne vous gênerait pas. Et ça me fait un tel plaisir !

Craig sourit :

– Eh bien, nous vous laissons à votre travail. Surtout, soyez intraitable ! Dommage qu'on ne puisse rester pour vous voir à l'œuvre…

Lisa Suarez eut l'air déçu :

– Oh, vous partez déjà ? J'aurais aimé discuter de vos recherches !

Les parents de Jessica se consultèrent du regard.

– Ma foi, on a bien cinq minutes ! dit Craig. Si on allait faire du café ? Dès que vous aurez terminé, on bavardera un moment à la cuisine. Ça vous convient ?

– Parfait ! répondirent d'une seule voix Lisa et Charlotte.

– En ce cas, à tout à l'heure, lança Gina. Tu viens, Jessica ?

Ravie de ce délai supplémentaire, la jeune fille n'avait guère envie de quitter les dauphins. Charlotte s'en aperçut :

– Pourquoi ne pas rester avec nous ?

– Oh oui ! Merci beaucoup !

Lisa fit le tour des lieux en posant mille questions. Quand elles revinrent à leur point de départ, elle demanda :

– Vous laissez les visiteurs aller dans le bassin ?

– Pas dans celui-ci, répondit Charlotte d'une voix ferme. Les delphineaux ont besoin de calme. Dans quelques semaines, s'ils poussent bien, les touristes pourront venir les admirer. Mais de loin bien sûr !

– Parfait ! applaudit Lisa. Vous savez, je rêve d'un monde où les cétacés vivraient en liberté. Toutefois, je dois admettre que les vôtres sont vraiment chouchoutés.

– Ce sont nos enfants, à Dan et moi !

– J'ai vu ça. Je vous décerne 20 sur 20 ! Et si on allait boire ce café ?

2

Dan Lévy se trouvait dans la cuisine ensoleillée avec Craig et Gina.

– Vous tombez à pic ! déclara-t-il en posant sur la table un plat de beignets aux myrtilles.

– À pic pour t'empêcher de dévorer tout ça ? le taquina Charlotte.

Elle présenta son mari à Lisa. Ils s'attablèrent, alléchés par la bonne odeur qui flottait dans la pièce.

– Craig me disait que vous assistiez à une conférence à Nassau, commença Dan. S'agit-il d'un sujet qui me concerne ?

– Je ne pense pas, répondit Lisa en souriant. À moins que vous ne soyez impliqué dans l'industrie du transport aérien !
– Ma foi, je ne me souviens pas d'avoir passé mon brevet de pilote ! rit Dan. S'il ne s'agissait pas de dauphins, pourquoi y avoir participé ?
– Pour recommander de bien traiter les animaux qui voyagent par avion. Ça va des chiens et chats aux animaux sauvages, dauphins inclus. On nous a alertés dernièrement à leur sujet. Voilà pourquoi j'ai décidé, à la dernière minute, de me rendre à Nassau.
– On dirait que vous êtes la spécialiste des visites à l'improviste, la taquina Charlotte.
Lisa fit la grimace :
– C'est un peu ça, oui ! Et je vais le payer… Par une attente interminable à l'aéroport avant de trouver un billet à prix réduit pour rentrer à Kingston.
– Kingston ? s'écria Craig. Vous vivez en Jamaïque ?
– Non, j'habite Mexico. Cependant mon travail m'amène à faire la navette entre

Cuba, Haïti et la Jamaïque. En fait, le bateau de la Ligue est devenu ma vraie maison.

Craig réfléchit un instant :

– Vous savez quoi ? Notre prochaine étape nous emmène justement de ce côté…

– Bien sûr, enchaîna Gina, vous iriez plus vite en avion. Sinon, on serait ravis de vous accueillir à bord de l'*Étoile bleue*…

– Et de vous déposer directement sur votre bateau, renchérit Craig.

Lisa ouvrit des yeux ronds.

– Vous feriez ça pour moi ? Gracieusement ? Vous ne me connaissez même pas !

– Mes parents sont du genre spontané ! expliqua Jessica avec un grand sourire.

– Pas du tout ! protesta Gina. D'accord, Lisa, on vient juste de vous rencontrer. Mais on connaît depuis longtemps l'excellent travail accompli par la LPC. Et tout ami de nos amis dauphins est notre ami.

– En route, vous pourriez nous en dire plus, insista Craig. Le programme Planète Cétacés est lui aussi censé contribuer à la protection des animaux marins.

– Méfiez-vous, je pourrais vous prendre au mot ! le menaça Lisa en riant. Vous ne savez pas quels risques vous prenez !
– Oh, on adore le danger ! D'ailleurs, vous verrez, on a une fameuse paire de gardes du corps…
Les yeux brillants, Lisa leva sa chope de café :
– Marché conclu ! On embarque quand ?

Une heure plus tard, ils regagnaient l'*Étoile bleue*. Pendant le trajet, Lisa leur avait raconté quelques-unes de ses aventures survenues au cours de son travail pour la Ligue. Jessica était aux anges. La présence à bord de la jeune Mexicaine s'annonçait passionnante. Les jumeaux, deux rouquins de huit ans, jouaient sur le pont. Apercevant son père, Jimmy s'écria :
– Eh, Papa, Harry dit que…
Il s'arrêta net et dévisagea Lisa.
– Qui c'est ?
– Lisa Suarez, dit Craig en fronçant les sourcils.

– Ces deux petits monstres sont nos fils. Ils s'appellent Sean et Jimmy. Soyez polis, les garçons ! On ramène Lisa jusqu'à son bateau, à Kingston.

Deux paires d'yeux clairs fixèrent la jeune femme. Puis, d'une seule voix, les jumeaux décidèrent :

– D'accord ! Super !

– Où est Harry ? demanda Craig.

– Les autres sont dans l'entrepont. Nous deux, on montait la garde, au cas où des pirates nous attaqueraient.

– Alors, continuez à ouvrir l'œil ! recommanda leur père le plus sérieusement du monde.

Au salon, Maddie pianotait sur un ordinateur portable. Gina fit les présentations en précisant, comme toujours :

– Maddie est une assistante inestimable, une perle rare !

Lisa lui tendit la main :

– Flattée de rencontrer un bijou pareil !

– *Con mucho gusto !* répondit poliment la jeune fille.

Surprise d'entendre parler sa langue, Lisa se lança dans un discours en espagnol. Son débit était trop rapide pour que Jessica puisse suivre la conversation. Maddie, elle, semblait parfaitement à l'aise. Enfin, Lisa, confuse, revint à l'anglais :

– Excusez-moi ! Je me suis laissé emporter, c'est très mal élevé de ma part…

– Au contraire, ça fera grand bien à Jessica de pratiquer ! rit Maddie. Outre ma fonction d'assistante, je sers de prof à bord pour Jessica, Brittany et les jumeaux.

– Qui est Brittany ? demanda Lisa. Ta sœur, Jessica ?

– Non, c'est la fille d'Harry, notre capitaine.

– On dit encore du mal de moi ? lança une voix bourrue.

Harry Pierce apparut, un sourire espiègle illuminant son visage bronzé. Le second, Sam Tucker, l'accompagnait. Craig leur expliqua la situation.

– Parfait ! acquiesça Harry. Kingston est sur la route des Antilles. Parés à appareiller bientôt ?

3

Dans la cabine qu'elles partageaient, Jessica retrouva Brittany penchée sur l'ordinateur portable.

– Puis-je m'en servir un moment ? demanda Jessica.

– Tu vois bien que je suis occupée, grogna Brittany sans lever les yeux de l'écran.

– Juste une minute ! Je veux relever mon courrier électronique avant qu'on prenne la mer.

– Maddie m'a donné ce travail à faire, protesta Brittany.

– Écoute, c'est urgent ! On va bientôt être déconnectés…

– Attends que j'aie terminé !

Jessica s'énerva :

– Puis-je te rappeler que c'est *mon* ordinateur ?

– Je sais, je sais ! Merci ! *Ton* ordinateur, *ta* cabine. Tout, ici, est à toi, gémit Brittany d'une voix amère.

Jessica protesta :

– Ce n'est pas vrai ! Simplement, on doit partager…

– J'ai horreur de partager ! À la maison, j'ai mon ordinateur, ma chambre, mes…

– Moi aussi ! Tu n'as pas l'air d'avoir remarqué qu'on est dans le même cas toutes les deux.

Brittany se résigna à se lever.

– Bon, vas-y ! D'ailleurs, ce devoir commençait à m'ennuyer.

Jessica découvrit un courrier de son amie Lindsay. Il y avait aussi le journal de son collège en Floride. Elle les sauvegarda pour les lire et rendit le portable à Brittany.

– On est encore en ligne. Tu veux relever ton courrier ?
La jeune fille haussa les épaules. La mine boudeuse, elle cliqua sur la souris…
– Ouais ! Une lettre de maman ! Super !
Jessica s'éclipsa pour la laisser lire en paix.

Le soir, les passagers de l'*Étoile bleue* se retrouvèrent au salon pour le dîner. Le voilier filait à une allure régulière. Après près d'un mois passé à terre, Jessica avait oublié la sensation du roulis. Elle savait par expérience qu'il lui faudrait quelques jours pour s'y habituer de nouveau.
Le docteur Taylor se dirigea vers la table à pas précautionneux. Il poussa un petit cri de surprise à la vue de Lisa.
– Seigneur ! Qui est-ce ?
L'espace d'un instant, il eut l'air effaré, semblant croire qu'il s'était trompé de bateau. Gina vola à sa rescousse :
– Désolée, docteur Taylor, je n'ai pas fait les présentations. Voici Lisa Suarez, qui travaille pour la Ligue de Protection des

Cétacés. Nous la reconduisons jusqu'à son bateau. Elle va nous aider pour notre projet.
Elle sourit à Lisa avant de poursuivre :
– Le Dr Jefferson Taylor est un collègue. Il est employé par PétroCo, la compagnie qui nous sponsorise.
– Enchantée de faire votre connaissance, docteur Taylor. Quel est exactement votre rôle à bord de l'*Étoile bleue ?*
Embarrassé par la question, il balbutia :
– Eh bien, euh, vous voyez... Je... Je... Ma présence ici démontre au monde que PétroCo se préoccupe... euh... agit en faveur de l'environnement... Sans parler, naturellement, de ma compétence scientifique...
– Je n'en doute pas ! Votre aide doit être précieuse, acquiesça poliment Lisa.
Jessica se mordit la lèvre pour ne pas rire. De son point de vue, le Dr Taylor ne leur était d'aucune utilité, mise à part l'aide financière du sponsor.
Mei Lin déposa sur la table un grand plat de curry de crevettes et des bols de riz.

– Servez-vous vite tant que c'est chaud ! les pria-t-elle en prenant place.

Le Dr Taylor huma l'air en se frottant les mains.

– Outre ses talents d'ingénieur, Mei Lin est une fameuse cuisinière. Vous allez vous régaler ici, annonça-t-il à Lisa. Puis-je vous servir ?

Le 16 septembre, après le petit déjeuner, dans l'océan Atlantique

Waouh ! Je suis si excitée que les mots se bousculent ! Depuis dix minutes, une bonne cinquantaine de dauphins virevoltent autour de nous. Des dauphins toupies (stenella longirostris), magnifiques ! Ils sont de trois couleurs : dos gris foncé, flancs gris clair et ventre rose pâle. Bec un peu plus long que celui des tursiops, sinon, même taille. Mais le plus drôle, c'est cette façon qu'ils ont de tournoyer en l'air, de vraies toupies. Ils jaillissent hors de l'eau et pirouettent comme des ballerines en folie. Je viens de compter... Il y en a un qui a exécuté sept tours complets avant de replonger. Incroyable!

Une gerbe d'embruns fouetta le visage de Jessica. Elle ferma son journal et le mit à l'abri.

Accoudée au bastingage, Gina filmait le spectacle féerique. Craig, Maddie, Lisa, Mei Lin et les jumeaux regardaient, bouche bée.

Quand Sam avait signalé l'arrivée des dauphins, Brittany s'était contentée de soupirer sans daigner quitter sa cabine. Quant au Dr Taylor, il était bien monté sur le pont, mais n'y avait passé que cinq minutes, plus intéressé par les croissants restés sur la table du petit déjeuner.

Jessica aurait tellement aimé dessiner les dauphins ! Mais comment capter la grâce de leurs mouvements ? D'ailleurs, le groupe commençait à s'éloigner. Dès qu'ils furent hors de vue, elle reprit son journal.

Papa dit que les dauphins toupies plongent plus profond que les tursiops. Ils se déplacent en plus grand nombre : il en a vu des centaines à la fois. Ça doit ressembler à une bande d'un millier de copains...

– Tu écris quoi ?
Jessica leva les yeux. Lisa lui souriait, debout devant elle.
– Je tiens un journal sur les dauphins.
– Quelle merveilleuse idée !
– Depuis quand vous vous intéressez à eux ?
– Oh, j'étais plus jeune que toi. Je devais avoir neuf ans quand mes parents m'ont emmenée voir un spectacle dans une marina. Ça a été un coup de foudre !
Lisa s'assit à côté de Jessica et poursuivit :
– En les regardant, je me disais que j'avais une chance incroyable de voir ces créatures magnifiques... De pouvoir les approcher, les caresser, leur donner à manger... Elles

sautaient à travers des cerceaux, exécutaient des sauts périlleux, l'air fou de joie ! À l'époque, j'ignorais qu'à la marina, on affamait les dauphins pour qu'ils acceptent de participer au spectacle.

– Quelle horreur !

– Hélas, c'est la vérité. Tout le monde n'est pas comme Charlotte et Dan ! Je me suis mise à lire des ouvrages sur les dauphins. Je trouvais curieux que ces animaux conçus pour vivre libres puissent se plaire dans les cages minuscules où on les parquait la nuit... Ma mère disait : « Bien sûr qu'ils sont heureux ! Tu as vu comme ils sourient ! ».

– J'ai cru la même chose, avoua Jessica, jusqu'à ce que papa m'explique que c'était dû à la forme de leur bouche. Ils sont incapables de faire la grimace, hein ?

– Exact ! Quand je suis retournée voir le spectacle, j'ai remarqué une femelle qui ne semblait pas bien. Elle restait immobile, ignorant les autres. Alors, quelqu'un lui a donné un coup de bâton, et elle a eu ce fameux « sourire »... Quelques jours plus

tard, j'ai appris qu'elle était morte.
Jessica frissonna :
– C'est affreux ! Vous avez su pourquoi ?
– Je pense qu'elle n'avait plus envie de vivre comme ça. Tu vois, ils sont si attachants que le public a plaisir à les regarder. Certains propriétaires de parcs aquatiques en profitent pour s'enrichir. Les dauphins toupies ont été parmi les premiers qu'on a capturés pour les mettre en aquarium. Alors qu'ils ont besoin d'eau profonde et de beaucoup d'espace pour pirouetter. Privés de liberté, ils meurent.
Abattue, Jessica chercha à se rassurer :
– Pourtant, ceux de Port Dauphins n'ont pas l'air malheureux ! Et ils participent à des spectacles…
– Là-bas, ils bénéficient de conditions idéales. Ailleurs, c'est autre chose ! Je ne te souhaite pas de voir les horreurs que j'ai vues, moi…, soupira la jeune femme.
La voix de Maddie les interrompit :
– Jessica ! C'est l'heure des cours !
– Oh, je peux être utile ? proposa Lisa.

Les yeux de Maddie pétillèrent :
– Ce serait génial ! Vous feriez de l'espagnol avec les filles pendant que j'enseigne les maths aux jumeaux !
Sean et Jimmy grognèrent en chœur. Jessica partageait leur manque d'enthousiasme : les langues n'étaient pas sa matière préférée, alors que Brittany était très douée. Lisa dut noter son changement d'humeur car elle s'esclaffa :
– Holà, pas de panique, *chica* ! Aucun devoir difficile, juré ! Aucun devoir barbant. En fait, aucun devoir tout court, je n'aime pas ça. On va juste continuer à bavarder, comme tout à l'heure, mais en espagnol. Ça va être sympa, pas rasoir ni rien !
Elle était si persuasive que Jessica retrouva le sourire. Toutes deux se rendirent au salon pour retrouver Brittany.
Au début, Jessica n'eut aucun mal à suivre. Lisa prenait la peine d'articuler et de prononcer des phrases courtes. Comme elle parlait beaucoup avec les mains et que son visage était très expressif, ça facilitait les

choses. Elle leur expliqua où elle vivait, décrivant son bateau, puis son travail. Ensuite, elle évoqua une certaine Frida.

– Qui est Frida ? demanda Jessica.

– *En español, por favor !*

Jessica se mordit la lèvre et reprit :

– *Quien es Frida ?*

Lisa, d'un air mystérieux, expliqua que Frida était son amie, une amie très chère. Elle ajouta qu'elle avait hâte de la présenter aux passagers de l'*Étoile bleue*.

Jessica était intriguée. Lisa avait dit qu'elle vivait seule sur son bateau, et qu'elle bougeait sans cesse entre la Jamaïque, Cuba et Haïti. Quand voyait-elle son amie et où allaient-ils faire sa connaissance ? Elle leva la main et chercha ses mots pour poser la question, en espagnol. Elle dut commettre une erreur car Brittany ricana, méprisante.

Lisa encouragea Jessica à recommencer, mais la jeune fille se sentait si humiliée que plus un mot d'espagnol ne lui venait à l'esprit. Elle fixa la table, accablée.

Alors, Lisa s'adressa à Brittany, qui lui

répondit avec aisance. Au bout d'un échange assez long, Lisa posa une question à Jessica. Celle-ci se força à risquer une réponse, qui lui valut une nouvelle moquerie de Brittany.

Enfin, le cours s'acheva. Pour la première fois, Jessica était ravie à l'idée de passer aux maths.

4

Pendant le déjeuner, Jessica demanda à Lisa de leur en dire plus sur sa mystérieuse amie Frida. Avant même que la jeune Mexicaine puisse ouvrir la bouche, Brittany éclata :

– J'y crois pas ! Franchement, Jessica, tu roupillais ou quoi ? À moins que tu te sois fait virer du cours d'espagnol en sixième ! Lisa a parlé de Frida toute la matinée !

– Oui, mais ça intéresse sans doute ceux qui sont autour de cette table ! répliqua Jessica.

Pour couper court à la dispute, Gina s'empressa d'intervenir :

– Qui est donc Frida ?
– Ma meilleure amie, répondit Lisa.
Les yeux pétillants, elle continua avec un sourire espiègle :
– J'avoue avoir un peu mystifié les filles à son sujet. En réalité, Frida est un dauphin qui vit dans les eaux où je patrouille. C'est une femelle extraordinaire, vous allez l'adorer !
Craig sourit :
– On adore tous les dauphins qu'on rencontre ! Qu'a-t-elle donc de si particulier, cette Frida ?
– Elle est hybride. C'est un croisement de tursiops et de dauphin tacheté de l'Atlantique.
Craig émit un sifflement :
– Je savais que ça existait, mais je n'ai jamais eu l'occasion d'en voir de mes propres yeux.
– En effet, ce n'est pas rien ! Je meurs d'envie de la rencontrer, s'emballa Gina.
– Et moi donc ! s'écria Jessica. Comment l'avez-vous trouvée ?

– La première fois que je l'ai vue, c'était il y a environ un an, quand je me suis installée à bord de l'*Amigo del Mar*.

Brittany adressa à Jessica un sourire plus que suffisant :

– Ça veut dire « L'ami de la mer ».

– J'avais compris, merci !

Lisa empêcha la prise de bec en poursuivant son explication :

– Un jour, j'étais en train de nager quand ce dauphin est venu vers moi. Très surprise, je n'essayais ni de l'approcher ni de le toucher. La Ligue nous déconseille de le faire. Pourtant, Frida est revenue le lendemain. Je l'intriguais visiblement. Très vite, elle m'a laissé entendre qu'elle voulait qu'on soit amies. Étant solitaire, elle appréciait ma compagnie. Ça arrive de temps en temps, quand les dauphins ne font pas partie d'un groupe. Mais, en général, les *solitarios* sont des mâles.

– C'est passionnant, ce que vous nous racontez, intervint Maddie. Mais je voudrais que vous nous expliquiez une chose. Je crois savoir que le Mexique est le plus gros trafiquant de dauphins de l'Amérique latine. On les vend à l'industrie du spectacle, est-ce vrai ?

– C'est exact, hélas, admit tristement Lisa. Mon pays bat tous les records du nombre de dauphins en captivité. En outre, le gouvernement autorise la capture et l'exportation de dauphins sauvages. La législation n'est pas la même partout. Ceux qui veulent à tout prix se procurer des dauphins viennent se servir chez nous. Et sans états d'âme, croyez moi !

– Mais c'est n'importe quoi ! se récria Jessica.

– Tu as raison, la loi mexicaine devrait être modifiée. Mais, pour cela, il faut que les gens se rendent compte de la cruauté de telles pratiques.

– Alors, pourquoi n'êtes-vous pas au Mexique ? s'emporta Brittany.

Jessica avait cette question sur le bout de la langue, sans oser la poser. Brittany rougit, embarrassée par son éclat :

– Je… je m'excuse ! Je ne voulais pas critiquer… C'est juste que vous êtes si passionnée par les dauphins… Après tout, le Mexique est votre pays. Je pensais que vous auriez pu faire évoluer les mentalités.
Lisa hocha la tête :
– C'était une excellente question, Brittany ! J'ai beaucoup œuvré pour la cause des dauphins au Mexique, et je continue. J'écris à des hommes influents ; je rédige des articles pour les journaux. Parfois, des gens m'écrivent. Ils me confient qu'ils ont changé d'attitude après m'avoir lue ; ils se rallient à des organismes de protection. Ça m'encourage. Toutefois, mon travail à la Ligue suppose que j'aille partout où les droits des animaux sont bafoués. Il existe des zones de capture notoires…
– Ça veut dire quoi ? intervint Sean. Qui est capturé ?
– Des pirates ? suggéra son frère, plein d'espoir.
Lisa éclata de rire :
– On parlait de dauphins ! Ils sont capturés

en masse au large de Cuba pour être exportés dans le monde entier.
– Mais vous allez arrêter les méchants qui font ça ? dit Sean d'un ton féroce.
– Comme un flic ! enchaîna Jimmy. Vous mettez en prison les voleurs de dauphins ?
– Si je pouvais ! soupira Lisa. Hélas, ce n'est pas si simple… Cuba délivre des permis. C'est donc une activité parfaitement légale.
– Mais… c'est ignoble ! protesta Jessica.
– Je suppose que vous pouvez intervenir, non ? dit Craig. Sinon, pourquoi la Ligue posterait-elle un bateau dans ces eaux ?
– Mon rôle consiste à évaluer le nombre d'animaux enlevés chaque année. Je mène une étude sur la population de dauphins qui vit dans ces eaux.
Craig se leva.
– Il faut que j'y aille, s'excusa-t-il. Je dois relever Harry à la barre. J'espère qu'on aura l'occasion de poursuivre cette conversation.
Quand le capitaine s'installa à table, Lisa le servit de salade en demandant :

– On en a encore pour combien de temps ?
– On devrait atteindre la côte nord-est de la Jamaïque demain. Ou après-demain. Pourquoi ne pas contacter votre bateau par radio ? Je vous donnerai une réponse plus précise si je connais sa position.
– Quelle bonne idée ! C'est possible tout de suite ? Pardon ! Prenez d'abord le temps de manger !
– L'une des filles pourrait vous conduire à la salle de contrôle, suggéra Harry.
Jessica se leva d'un bond.
– J'y vais ! Suivez-moi, Lisa.
Elles longèrent la coursive jusqu'à la cabine avant où se trouvaient la radio, les cartes et tout le matériel de navigation.
– Parfait, s'écria Lisa. J'ai le même appareil, je sais m'en servir.
Curieuse, Jessica resta pour observer la manipulation. Lisa établit le contact avec un certain Frank, qui la remplaçait pendant ses absences. Lisa gribouilla la position sur la paume de sa main avant de s'enquérir :
– Comment ça se passe là-bas ?

– Pas bien !
– C'est-à-dire ? s'affola Lisa.
– Quatre dauphins capturés hier.
– Oh, non ! Mon Dieu… Frida ?
– Je ne sais pas. J'étais trop loin ; je n'ai pu que compter les prises. Je suis sûr d'une chose : je n'ai pas vu Frida depuis le passage du bateau, hier matin.
– Oh, Frank, non !
Livide, la jeune femme serrait les poings. La radio grésilla, puis le son redevint clair :
– Je suis terriblement désolé, Lisa…

Le 16 septembre, dans ma couchette

Obligée d'écrire sous ma couverture. Brittany râle pour la lumière. Elle ne perd pas une occasion de m'asticoter. Moi qui croyais qu'on finirait par devenir copines… Erreur ! Mademoiselle est plus forte que moi en espagnol, la belle affaire ! Elle est dyslexique, et j'écris mieux qu'elle. Sauf que je suis trop gentille pour lui jeter ça à la figure... En tout cas, si elle continue à me chercher, elle va me trouver... (et en moins sympa!).

Une bourrasque s'est levée après le dîner, j'entends la pluie fouetter la coque. Pauvre Harry, emmitouflé dans son ciré, qui reste à la barre par ce sale temps. Et pauvre Lisa! Elle se fait un sang d'encre pour Frida. J'aurais voulu avoir des pouvoirs magiques pour la consoler.

Pourvu que Frida réapparaisse!

5

L'après-midi du lendemain était bien avancé quand l'*Étoile bleue* entra dans les eaux jamaïcaines. Les îles ressemblaient à des traînées de brume à l'horizon. Harry annonça qu'ils étaient près du point d'ancrage de l'*Amigo del Mar*.

Lisa, fébrile, scrutait les flots gris-vert. Jessica l'observait, se doutant qu'elle cherchait un dauphin solitaire. La pluie avait cessé. Le temps, lourd et nuageux, rendait le ciel sinistre.

– Ohé, du navire ! hurla soudain Jimmy.

Jessica écarquilla les yeux. Oui, il y avait quelque chose. Un bateau, qui tanguait doucement sur les vagues.
– C’est le vôtre ? demanda-t-elle à Lisa.
– On dirait bien que c’est lui… Ma maison !
Bientôt, les deux voiliers se trouvèrent bord à bord. Celui de la Ligue semblait tout petit et trapu à côté de l’*Étoile bleue*. On aurait dit un poney accolé à un pur-sang.
Frank, un Canadien à l’allure réservée, les accueillit. Il rougit comme une tomate quand Lisa lui fit la bise.
– Des nouvelles de Frida ?
– Non, désolé, Lisa. Je ne l’ai pas vue.
Il salua les McGrath.
– Vous ferez connaissance avec les autres passagers de l’*Étoile bleue* au dîner, annonça Craig. Car vous venez dîner, j’espère ?
Frank se détendit :
– Volontiers ! Ça me changera des boîtes de conserve !
Jessica observait Lisa du coin de l’œil, le cœur serré. Penchée sur le bastingage, la jeune femme scrutait les flots… Elle finit

par renoncer à guetter la silhouette tant espérée. Les épaules basses, elle demanda :

– Alors, Frank, quelles nouvelles ?

– J'ai su, par un de mes contacts à La Havane, que les quatre dauphins ont été embarqués à bord d'un avion pour le Mexique.

Lisa fit la grimace :

– Une ligne régulière ?

– Hélas, oui, et sans vétérinaire pour les accompagner. Je n'ose pas imaginer la façon dont ils sont traités.

Les épaules de la jeune femme s'affaissèrent davantage.

– C'est de cela que j'ai parlé à la conférence à Nassau ! J'ai essayé de dissuader les compagnies aériennes de transporter des dauphins.

Frank tenta de la réconforter :

– Certaines ont signé l'accord.

– Oui, mais pas toutes, soupira Lisa. Heureusement, le trajet vers le Mexique est court… Une idée de la destination précise ?

– C'était un vol pour Acapulco. J'ai alerté

Yolanda. Elle va se rendre à l'aéroport pour contrôler les documents d'importation. Elle nous tiendra au courant.

Timidement, le Canadien tapota l'épaule de la jeune femme.

– C'est tout ce qu'on peut faire pour l'instant, Lisa. Allez, montre les lieux à nos visiteurs, d'accord ?

Jessica trouva l'ambiance de l'*Amigo del Mar* chaleureuse et amicale. Des photos de gens souriants décoraient les cloisons du carré. Lisa lui apprit qu'il s'agissait de ses amis mexicains. Il y avait aussi le poster d'un dauphin bondissant. Le regardant de près, Jessica repéra de petites taches sur le ventre pâle.

– Frida ? demanda-t-elle.

Lisa hocha la tête sans répondre, les yeux brillants de larmes.

Jessica se reprocha sa maladresse. Impulsivement, elle prit la jeune femme dans ses bras et murmura :

– Elle va bien ! J'ignore pourquoi, mais j'en suis sûre !

En elle-même, elle souhaitait de tout cœur avoir raison.

L'*Étoile bleue* passa la nuit à l'ancre à côté de l'*Amigo del Mar*. Le lendemain matin, Harry annonça son intention de faire voile jusqu'au port le plus proche, Mei Lin désirant acheter des produits frais en ville. Frank en profiterait pour rentrer chez lui.
– On peut venir avec vous ? demanda Jimmy.
– Je préfère que vous restiez sur l'*Amigo*..., commença Gina.
– Pourquoi ? C'est samedi ; on n'a pas cours !
– Harry aura trop à faire pour vous surveiller, expliqua Gina.
Jimmy et Sean semblaient prêts à se mutiner quand Sam vint à la rescousse :
– Je les accompagnerai volontiers. On va passer un bon moment tous les trois ; ils ont besoin de se détendre.
– Et nous donc ! marmonna Jessica.
La présence constante des deux petits

monstres finissait par être fatigante. Pour preuve, la danse de Sioux qu'ils exécutaient déjà, ravis de la balade avec Sam.

– Et toi, ma puce ? demanda Harry à Brittany. Ça te dit de passer une journée en Jamaïque avec ton vieux papa ?

– Ben, oui, pourquoi pas ?

« Ça manque d'enthousiasme », songea Jessica. Elle-même aurait volontiers fait un tour à terre. Mais Lisa avait prévu de patrouiller au large en quête de dauphins, et cela l'intéressait davantage.

Quelques minutes plus tard, elle embarquait à bord de l'*Amigo* avec ses parents, Maddie et le Dr Taylor. Elle remarqua aussitôt l'air tendu de Lisa.

– J'ai eu des nouvelles par Yolanda, annonça celle-ci tout de go. Les dauphins se trouvent dans un complexe hôtelier près d'Acapulco…

– Pourquoi diable un hôtel achèterait-il quatre dauphins ? s'exclama Craig.

– En guise de *divertissement* ! répliqua Lisa d'un ton sarcastique. Écoutez-moi ça : ils ont mis les dauphins dans une petite piscine, *à l'intérieur* d'un bar-restaurant ! Histoire d'amuser les clients...

– Mais c'est de la folie ! se récria Jessica, scandalisée.

– Attends, ce n'est pas fini ! reprit Lisa, amère. Il y a une musique tonitruante jour et nuit. Pas la moindre surveillance. Les clients embêtent les dauphins, les arrosent avec leurs boissons, jettent les canettes à l'eau... Tu imagines ? C'est le genre d'endroit où je serais incapable de rester cinq minutes... Alors, ces pauvres bêtes...

Elle en pleurait de rage.

– On ne peut pas les récupérer ? dit Jessica, paniquée. Il faut absolument faire quelque chose !

– Ils ont été légalement importés ; j'ai les mains liées.

– Quand même, s'ils sont maltraités..., intervint Gina. Il y a des lois internationales qui punissent la cruauté envers les animaux !

Pâle de colère, elle serrait les poings comme si elle était en face du responsable de cette

infamie. Craig, Maddie et même le Dr Taylor semblaient tout aussi outrés.
– Bien sûr, on va agir sur cette base, annonça Lisa. Il faut au moins obliger l'hôtel à procéder à des aménagements… Une piscine plus grande, avec des clôtures, et un garde qui empêche ces imbéciles de jeter des… des cacahuètes… Seigneur, j'en suis malade rien que d'y penser !
– Ça ne suffit pas ! explosa Craig. Les dauphins n'ont aucune raison d'être là-bas.
– C'est aussi mon avis. Le problème, c'est que cette situation est légale ! gémit Lisa. L'hôtel possède une licence délivrée par les autorités locales.
Un silence pesant s'installa dans la pièce. Alors leur parvint un bruit familier. Un sifflement, suivi d'une série de clics, tandis que des gerbes d'eau faisaient trembler la coque.
– Frida ? murmura Lisa.
Tous se précipitèrent à bâbord, là d'où provenaient les sons. Il y avait bien un dauphin, la tête pointée hors de l'eau, qui les

regardait. Il bondit, comme pour jouer à saute-mouton avec le bateau. Jessica entrevit les taches grises qui ombraient le ventre blanc.

– Oh, *Frida, querida* !

Lisa avait déjà dénoué le paréo qu'elle portait sur son maillot. Envoyant valser ses sandales, elle plongea rejoindre son amie.

6

Les McGrath, attendris, observaient sans un mot ces émouvantes retrouvailles. Frida avait commencé par se frotter contre Lisa, comme un gros chat. Maintenant, les deux amies s'éclaboussaient, folles de joie, plongeant, nageant, dans un concert de cris et de rires. Nostalgique, Jessica se remémorait ses propres jeux avec son premier ami, Anatole… Au bout d'une demi-heure, Lisa remonta à bord, hissée par Craig et Gina.

– Désolée de vous avoir lâchés comme ça, mais…, haleta-t-elle.

– Ne vous excusez pas ! On comprend parfaitement, lui lança Gina avec chaleur.
– Je m'en doute, dit la jeune femme, à qui Maddie tendait une serviette.
– J'aimerais vous filmer, Frida et vous, poursuivit Gina.
– Volontiers ! Cet après-midi, par exemple ?
– Ce ne sera pas possible. Je préfère opérer sous l'eau, et j'ai laissé mon matériel de plongée à bord de l'*Étoile bleue*.
Bizarrement, Lisa fit la moue :
– Les fonds ne sont pas aussi clairs qu'aux Bahamas… Vous serez obligée de vous approcher… C'est peut-être envisageable…
Surpris par sa réticence, Craig intervint :
– Frida semble très amicale. Vous croyez que notre présence risque de la déranger ?
– Non, je ne pense pas. Toutefois, elle a vécu quelques expériences désagréables. Elle a au ventre une très vilaine cicatrice, due sans doute à l'hélice d'un bateau… vous verrez ça. Elle se méfie, et elle a raison. Dans son propre intérêt, mieux vaut qu'elle ne se lie pas avec le premier venu.

– Ça lui évitera d'être capturée, commenta Maddie.
– Oui, ces eaux sont dangereuses. Cuba délivre trop de permis, sans se soucier de la population des dauphins.
– C'est-à-dire ? voulut savoir Jessica.
– Eh bien, tu vois, s'il y a beaucoup de dauphins dans une zone donnée, ce n'est pas trop dramatique si on en prélève un ou deux. À part pour les captifs, bien sûr ! Mais certains groupes n'y résistent pas...
– Ça dépend des prises ! commenta Craig.
– Exact ! L'industrie du spectacle réclame les plus gros, les plus costauds. Si on en prend trop, il arrive que ceux qui restent, trop vieux ou malades, ne puissent pas se reproduire...
– Ça voudrait dire que les dauphins sont en danger de disparition ? s'affola Jessica.
– Non, Dieu merci ! la rassura Lisa. Quand la population d'une zone donnée atteint un certain niveau, la capture des dauphins y est interdite. En principe, du moins !
– Je commence à comprendre, intervint

Gina. Une étude coûte cher, tandis que le commerce des dauphins est une affaire en or. Alors, le gouvernement cubain décrète sa population abondante et saine, sans vérifier.

– Pigé ! fit Lisa.

Le Dr Taylor, qui avait écouté attentivement, prit la parole :

– *Señorita*, vous nous avez bien dit que *vous* meniez ce genre d'étude ?

– Oui, j'essaie, soupira-t-elle. Toutefois, il y a un problème. Je ne suis pas vraiment qualifiée, n'ayant pas de formation scientifique. La Ligue a engagé un chercheur voici quelques mois mais les fonds étaient insuffisants pour qu'il boucle son enquête. Depuis son départ, je m'efforce de poursuivre son travail. Il a recueilli des masses de données… Sauf que je manque de compétence pour les analyser correctement.

– J'aimerais beaucoup y jeter un coup d'œil ! déclara le Dr Taylor.

– Avec plaisir ! Quoique… je dois vous prévenir, c'est la pagaille ! Vous aurez du mal à vous y retrouver, l'avertit Lisa.

Le Dr Taylor se frotta les mains :
– Alors, autant m'y mettre tout de suite ! J'ai là mon ordinateur portable. La compagnie m'a fourni un logiciel de calcul hyper performant. Jusque-là, je n'ai pas eu l'occasion de m'en servir.
– Eh bien, voilà qui est parfait. Venez, je vais vous installer dans mon bureau.
Les McGrath les regardèrent partir avec des yeux ronds. Le Dr Taylor allait-il enfin se révéler utile ? Ou, se demandait Jessica, était-ce une autre excuse pour somnoler tranquillement à l'ombre ? Son père la considérait en souriant, comme s'il lisait dans ses pensées :
– Hé, chacun son truc ! Qui sait si notre gros dormeur ne va pas nous surprendre un jour ?
– Moi, j'en doute ! gloussa Jessica.

Un peu plus tard, Lisa lança le moteur. Cheveux au vent, Jessica scrutait la mer, impatiente de voir de nouveaux dauphins. Frida les suivit un bon moment, surfant avec bonheur sur les vagues. Puis, lassée, elle s'éloigna du bateau et disparut de leur vue. La patrouille dura quelques heures. Un groupe de tursiops apparut une fois dans le lointain sans manifester d'intérêt. Jessica était très déçue quand Lisa arrêta le moteur près de la bouée orange qui marquait le point d'ancrage de l'*Amigo*. Elle baissa la tête pour cacher les larmes de frustration qui lui picotaient les paupières…

Son humeur changea d'un coup. Un dauphin la dévisageait !

– Hé, Lisa ! cria-t-elle, ravie. Frida est revenue !

La jeune femme sortit en souriant de la cabine de pilotage :

– Elle m'attend pour mon bain de l'après-midi.

– Oh, je peux venir aussi ?

Lisa ne répondit pas tout de suite. Son sourire avait disparu. Dépitée, Jessica lança un coup d'œil suppliant à sa mère.

– Jessica a déjà nagé avec des dauphins, dit Gina. Elle sait comment se comporter, si c'est ça qui vous inquiète. Son père et moi lui faisons toute confiance. Évidemment, si vous n'y tenez pas…

« Oh non ! Pas ça ! Pitié ! » s'affola Jessica.

– Eh bien, commença Lisa, ce n'est pas à moi de décider. Voyons si Frida a envie de se faire une nouvelle amie… Va vite te mettre en maillot, ma puce. On va nager ensemble, et on verra bien.

La jeune fille ne se le fit pas dire deux fois. Quelques instants plus tard, elle plongeait. L'eau était plus froide qu'aux Bahamas, mais quel bonheur de retrouver la sensation d'être un poisson !

En remontant à la surface, elle se frotta les yeux. À quelques brasses de là, Lisa parlait à Frida. Le dauphin lui répondait par des coups de bec, ce qui la faisait rire.

Jessica enviait leur intimité affectueuse. « Ah, si Anatole était là ! songea-t-elle tristement. Je ne peux pas obliger Frida à m'aimer. C'est normal qu'elle préfère rester avec sa vieille amie ! » Elle se força à les laisser tranquilles et décida de nager autour

du bateau. Ses muscles lui semblaient rouillés, elle avait du mal à affronter les vagues.
Elle entamait son second tour quand elle s'aperçut que quelqu'un nageait à son côté, au même rythme. Elle tourna la tête, s'attendant à voir Lisa… et découvrit Frida !
Jessica fut si surprise qu'elle prit une grande inspiration et but la tasse. Une quinte de toux la secoua. Elle n'arrivait pas à reprendre son souffle. Une brise soudaine s'était levée, creusant les vagues. Ses yeux la brûlaient, elle se frappait la poitrine pour enrayer la toux, tentant désespérément de garder la tête hors de l'eau.
Épuisée, elle sentit un corps puissant se presser contre elle, la soulever. Frida avait compris qu'elle était en difficulté ! Elle offrait de la soutenir, comme Anatole, le jour où elle avait été projetée par-dessus bord.
Jessica accepta son aide avec bonheur. Elle étreignit la femelle et se reposa contre le flanc si doux, retrouvant peu à peu des forces. Dès qu'elle se sentit mieux, elle se

remit à nager, soucieuse de ne pas abuser de la situation. Mais Frida n'avait aucune envie de la laisser partir. Elle l'accompagna, la regardant en biais de son œil rond et vif. Une fois de plus, Jessica fut envahie par une merveilleuse sensation de paix et de sécurité. Une parfaite complicité venait de s'installer entre la jeune fille et le dauphin.

7

Le 20 septembre, dans ma couchette,
au large de la Jamaïque

Papa a décidé qu'on repartait demain. Brittany râle. Elle voulait passer un autre jour de vacances à terre, avec son père. Elle s'était bien régalée, ce qui l'avait mise de bonne humeur. Ça ne va pas durer! Je sens qu'elle va recommencer à m'asticoter comme avant...

Demain, je me lève aux aurores.

J'espère nager une dernière fois avec Frida. C'est dur de devoir quitter sans cesse ceux qu'on aime ! Heureusement, il y en aura d'autres, mais quand même...
Bon, allez, dodo !

Quand Jessica arriva au salon le lendemain, très tôt, elle eut la surprise d'y trouver Lisa, en grande conversation avec ses parents.
– … Par conséquent, je dois filer tout de suite !
– Prenez d'abord votre petit déjeuner, lui conseilla Gina. Je vais demander à Mei Lin de le préparer.
– Vous partez ? s'étonna Jessica. Pourquoi ? Où allez-vous ?
– Au Mexique. Je viens de tout expliquer à tes parents…
– Il est arrivé quelque chose ? demanda Jessica, remarquant sa mine soucieuse.
– L'un des quatre dauphins est mort ! dit tristement la jeune femme.
– Oh, non !

– Hélas, si ! Il faut sauver les trois autres. La Ligue me paie le voyage au Mexique. Je suis chargée de convaincre l'hôtelier de relâcher les dauphins avant qu'il ne soit trop tard.

Craig passa la main sur son visage mal rasé.

– De quoi est-il mort ?

– Je le saurai quand j'aurai vu de mes yeux les conditions de leur captivité… Mais je suppose que c'est le choc de la capture. Ces gens-là sont d'une brutalité ! J'ai très peur pour les autres. Le stress diminue leur résistance aux infections, et l'eau de leur piscine ne doit pas être bien propre !

Gina revint de la cuisine avec le plateau. Elle tendit une tasse de café à Lisa en annonçant :

– Mei Lin prépare une salade de fruits et des crêpes. Je sais que vous êtes pressée, mais vous n'allez pas partir le ventre vide !

– Merci, Gina ! Vous êtes une mère pour moi. Je devrais vous emmener !

Elle but son café et soupira :

– Ah, ça fait du bien ! J'ai passé la nuit à

contacter des gens par radio pour envisager des solutions.

– Et si ce type refuse de les libérer ? demanda Jessica.

– C'est ça qui m'inquiète ! Si ça amuse ses clients de voir des dauphins, il ne voudra pas s'en séparer.

– Alors, lancez une pétition ! Que les touristes menacent de ne plus mettre les pieds au Mexique tant que ce méchant homme garde des dauphins prisonniers, s'emporta Jessica.

– Tu as raison, ma grande ! Sauf que ce genre de campagne de sensibilisation prend un temps fou !

– Et il faut les sauver tout de suite ! s'écria Jessica.

À cet instant, le Dr Taylor arriva en se frottant les yeux :

– J'ai cru sentir une odeur de café… Le petit déjeuner est prêt ?

– Mei Lin s'en occupe, répondit Gina. Asseyez-vous, je vais vous servir une tasse, offrit Gina.

– C'est gentil à vous, merci. Si vous n'y voyez pas d'objection, je vais relever mon courrier électronique…
Remarquant la présence de Lisa, il sursauta :
– *Señorita Suarez* ! J'ai travaillé tard cette nuit, mais je n'ai pas fini d'entrer vos données. J'espère que vous ne venez pas…
– Non, non, docteur ! Je n'y pensais même plus. J'ai reçu de mauvaises nouvelles du Mexique, et je dois m'y rendre tout de suite.
Lisa lui exposa la situation.
– J'aimerais tant qu'on puisse faire quelque chose ! s'exclama Jessica.
– C'est sans doute possible ! intervint Craig.
Tous tournèrent vers lui des yeux pleins d'espoir.
– Voilà… L'un des objectifs de Planète Cétacés est d'éduquer le public, n'est-ce pas ? On devrait donc l'alerter sur ce qu'il vient d'arriver à ces dauphins…
– Oui, embraya Gina, enthousiaste. Lisa, envoyez-nous des photos, on les mettra sur notre site Internet. Est-ce que, par chance, vous auriez une Web-cam ?

Lisa secoua la tête :
– Même si j'en louais une, je ne sais pas me servir de ces trucs-là ! Je suis incapable de prendre un rocher en photo !
– Quel dommage ! J'aurais pu envoyer un reportage en Floride, à la chaîne télévisée qui soutient notre projet. Je suis sûre qu'ils accepteraient de le diffuser !
Le cerveau de Jessica était en ébullition :
– Et d'autres chaînes reprendraient l'info ! Si plein d'Américains voient ça et écrivent pour protester, l'hôtelier va y réfléchir, non ? Il sera obligé de relâcher les dauphins pour garder sa clientèle. C'est une idée géniale !
– Certainement, mais je suis trop nulle pour réaliser ce reportage, marmonna Lisa.
Soudain, elle se tapa le front, les yeux brillants :
– *Eurêka* ! Gina, venez avec moi ! Vous filmerez, et vos images seront diffusées à travers le monde entier !
Jessica se tourna vers ses parents, le cœur battant. Ils échangèrent un regard, et Gina déclara :

– J'adorerais ça, Lisa, mais comment me rendre au Mexique ? En bateau, ça prendrait des semaines, et notre budget ne me permet pas de payer l'avion. À moins que la Ligue puisse me subventionner ?
– Ils ont déjà raclé les fonds de tiroir pour mon billet, avoua piteusement Lisa. On ne roule pas sur l'or non plus !
– Dommage… J'aurais tant aimé vous accompagner ! Si seulement c'était possible…
– C'est peut-être envisageable ! lança tout à coup le Dr Taylor.
Jessica sursauta. Elle avait presque oublié sa présence depuis qu'il pianotait sur son ordinateur portable.
– À quoi pensez-vous ? demanda Craig.
– Je viens de recevoir un courrier de mes employeurs. Ils estiment que l'argent investi dans votre projet ne leur rapporte pas grand-chose…
– Et qu'est-ce qu'ils croient ? explosa Craig. On ne le gaspille pas ! On fait très exactement ce qui était convenu au départ…

Le Dr Taylor agita la main :
– O.K., O.K., je ne vous reproche rien… J'étais en train de rédiger une réponse pour leur expliquer que… Mais il me vient une meilleure idée…
Il s'interrompit, hésita avant de poursuivre :
– Vous savez, PétroCo désire davantage de publicité. Ils aimeraient qu'on dise dans la presse et à la télévision qu'ils sponsorisent Planète Cétacés. Et cette histoire au Mexique nous en fournit l'occasion ! Je vais leur suggérer de payer votre voyage, afin de lancer une campagne très médiatisée pour libérer les dauphins. Si vous êtes d'accord, bien sûr.
Gina lui fit son plus beau sourire :
– Je trouve cette idée absolument merveilleuse !
Lisa, radieuse, se jeta au cou du savant et lui plaqua un baiser sonore sur la joue.
– *Muchas gracias* ! Vous êtes un amour !
Rouge brique, le Dr Taylor se remit à son clavier pour cacher son embarras.

Le 21 septembre, avant le dîner

Pas encore reçu de réponse de PétroCo. Lisa est si sûre que « le cher docteur » va obtenir gain de cause qu'elle a reporté son départ pour Acapulco à demain matin, et réservé une place pour maman. On assurera la permanence en leur absence. Du coup, j'aurai le temps de profiter encore de Frida...

La porte de la cabine s'ouvrit à la volée.
– Dépêche-toi ! lança Brittany. Le Dr Taylor va faire une annonce, et on n'attend que toi !
Jetant son journal, Jessica se rua vers le salon. Le Dr Taylor se racla plusieurs fois la gorge, ménageant le suspense.
– J'ai le plaisir de vous annoncer que mes employeurs trouvent cette idée fabuleuse ! D'autant que leur image a souffert dernièrement suite à une marée noire en Méditerranée. Si les médias présentent

PétroCo comme « l'ami des dauphins », ça leur fera une excellente publicité en ces temps difficiles… Donc, ils sont d'accord pour prendre en charge tous les frais de voyage et de séjour. Et ce, pour *deux* membres de Planète Cétacés !

– Super ! applaudit Jessica.

Gina semblait plus réservée. Sans trop d'enthousiasme, elle demanda :

– Si je comprends bien, docteur Taylor, Lisa et moi aurons le plaisir de votre compagnie ?

– Moi ? fit-il, l'air paniqué.

– Eh bien, vous avez parlé de deux personnes ; alors, je pensais que vous…

– Oh non ! Absolument pas ! Les voyages en avion ne me réussissent pas… En outre, il est hors de question que j'aille au Mexique ! Pas maintenant ! Avec toutes ces données à analyser… Non, non, non, docteur McGrath ! Vous préférez sûrement que votre mari vous accompagne ?

– Il est plus raisonnable que je reste, dit Craig à regret. D'ailleurs, Gina n'aime pas m'avoir dans les pattes quand elle filme !

– Et si Jessica venait avec nous ? proposa Lisa.
La jeune fille n'en croyait pas ses oreilles. Elle regarda sa mère, pleine d'espoir.
– Jessica nous serait sûrement très utile, insista Lisa. Puisqu'elle veut s'occuper de dauphins, ce voyage sera une expérience précieuse pour elle !
– Oh, j'adorerais y aller ! Maman ?
– Ma foi, pourquoi pas ? Puisque PétroCo invite deux personnes… Bienvenue dans l'équipe de sauvetage !
– Waouh ! C'est trop génial ! Merci, merci ! Je suis si contente !
Tout excitée, Jessica sauta au cou de Lisa et de sa mère.
– Une seconde, ma belle ! l'avertit Lisa. Tu dois te préparer à voir des choses qui te rendront triste et en colère. Des choses face auxquelles tu seras impuissante.
– D'accord, je comprends, acquiesça Jessica.
Brittany, boudeuse, lança :
– C'est pas juste ! Elle part au Mexique, et

nous, pendant ce temps, on va bosser !

– Ne t'en fais pas ! dit Maddie. Notre voyageuse a intérêt à pratiquer l'espagnol là-bas. Je lui réserve un petit contrôle dès son retour !

Rien ne pouvait entamer l'enthousiasme de Jessica, qui répliqua :

– *Mil gracias, señorita* !

8

Le 22 septembre au matin,
dans un taxi mexicain

On n'arrivera jamais! Le vol a été rapide, mais ça fait déjà une heure que ce taxi se traîne depuis l'aéroport d'Acapulco! C'est à se demander si l'hôtel Miramar n'est pas un mirage... Je bous d'impatience! D'autant qu'il n'y a rien à voir! L'autoroute est bordée de vieux rochers et de plantes rabougries...

Ah, enfin, un éclair bleu : l'océan Pacifique ! Hélas, ça n'a duré qu'une seconde... Vivement qu'on sorte de ce vieux tacot. Maman et Lisa sont aussi énervées que moi...

– Enfin, nous y voilà ! Ce n'est pas trop tôt ! soupira Gina.
Jessica fourra son journal dans son sac à dos. Le taxi s'arrêta devant une bâtisse en marbre rose. Les trois passagères se hâtèrent de quitter l'habitacle étouffant.
Les doubles portes en verre s'ouvrirent sur un vaste hall fleuri. À la réception, Lisa demanda à parler au directeur. Celui-ci arriva presque aussitôt. C'était un homme brun coiffé avec soin et vêtu de blanc. Ils échangèrent quelques mots en espagnol, puis la jeune femme présenta ses compagnes.
– *Señor* Martinez, voici Gina McGrath et sa fille, Jessica.
– Ah, vous êtes américaines ? enchaîna-t-il

en anglais. Vous travaillez aussi pour la Ligue ?
– Non, répondit Gina. Je représente un projet de recherche internationale, Planète Cétacés, financé par une chaîne de télévision. Je souhaiterais filmer vos dauphins, si vous n'y voyez pas d'inconvénient…
Le visage du directeur s'illumina :
– Pour la télévision américaine ?
– Ça passera au moins en Floride.
– Fantastique ! Quand vos compatriotes verront mon superbe hôtel, ils vont tous se précipiter…
– Nous sommes là pour les dauphins, lui rappela Lisa. Et je préfère vous avertir… Les touristes américains n'hésiteront pas à boycotter un établissement où on maltraite les animaux !
« Zut, elle va le braquer ! » s'affola Jessica.
Déjà, le directeur s'indignait :
– Maltraités ? Comment cela ? Ils ont une piscine absolument magnifique, et ils mangent à satiété ! J'ai dépensé une fortune pour les acheter, et je les maltraiterais ? Je ne

suis pas fou ! Ni cruel… Demandez à qui vous voulez !
– Pardonnez-moi, fit Lisa en souriant. Je veux bien croire à votre bonne volonté. Toutefois, un de vos dauphins est mort. Vous savez, ils requièrent des compétences spéciales.
– Ma foi, je suis tout disposé à profiter de vos conseils. J'exige toujours ce qu'il y a de mieux. D'ailleurs, vous allez en juger ! Suivez-moi…
Ils empruntèrent une allée qui descendait à la plage. Sous le ciel bleu, de grosses vagues venaient se briser sur les rochers ; mais le bruit de l'océan était couvert par une sono assourdissante. Le directeur obliqua vers un complexe surmonté d'une enseigne rose fluo : « Le bar de la plage ».
– Je vais le rebaptiser « Bar des dauphins », leur apprit l'hôtelier.
L'établissement était construit en demi-cercle autour d'un patio. Des tables et des chaises entouraient un bassin. Seules quelques-unes étaient occupées.

– L’endroit est calme à cette heure-ci ! M. Martinez dut hurler pour se faire entendre.
– Mais le soir, c’est plein. Nous avons une piste de danse sur le côté, et des jeux vidéo à l’arrière. On sert tous les cocktails possibles et imaginables ! À propos, vous souhaitez boire quelque chose ?
– Non, merci, refusèrent Lisa et Gina.
Jessica s’impatientait :
– Où sont les dauphins ?
– Mais là ! répondit l’hôtelier, interloqué. Dans le bassin !
Jessica frémit : la pièce d’eau était minuscule. Elle s’en approcha, et son épouvante ne fit qu’augmenter. Apeurés, les trois dauphins s’étaient blottis dans un coin, à peine visibles, tant l’eau était glauque. Il y flottait une tasse à café en plastique, des mégots de cigarettes, des cure-dents. Au fond, Jessica repéra des objets brillants... Les clients devaient jeter des pièces de monnaie, et Dieu sait quoi encore !
– Oh, les pauvres ! s’écria-t-elle, les yeux brûlants de larmes.

– Les pauvres? reprit le directeur, l'air choqué. Ils viennent d'engloutir un énorme petit déjeuner! S'ils continuent à manger autant, je vais faire faillite... Ils sont en pleine digestion, c'est pour ça qu'ils ne bougent pas!
– Ce bassin est beaucoup trop petit! s'indigna Lisa. Et l'eau est dégoûtante!
Elle se pencha pour cueillir le récipient en plastique, où elle jeta les mégots et autres objets flottants qu'elle pouvait atteindre du bord.
– L'homme de ménage est en retard ce matin, expliqua M. Martinez. Sinon, il fait bien son travail. D'ailleurs, vous n'allez pas prétendre que l'océan est propre? Dégazages, déchets de toutes sortes... Pouah! Ici, on nettoie tous les jours! En outre, je mets du chlore pour stériliser l'eau, conclut-il, très fier.
Lisa renifla:
– Les dauphins vivent dans l'eau de mer, vous savez! Le chlore ne leur convient pas!
– Les services sanitaires nous l'imposent,

se défendit l'hôtelier. Quand le dauphin est mort, j'étais désespéré. Craignant que les autres ne soient contaminés, j'ai doublé la dose pour tuer les germes. Vous voyez, je ne lésine pas !

– C'était sans doute trop ! protesta Gina. Ça risque de leur irriter les yeux, de provoquer des brûlures.

– Ah bon ? J'étais persuadé qu'il valait mieux... Je n'ai pas envie que ceux-ci tombent malades. Je les ai payés une fortune !

– *Señor* Martinez, les dauphins ont besoin de bouger, déclara Lisa. Si vous voulez qu'ils restent en bonne santé, il faut leur allouer plus d'espace. Une piscine beaucoup plus grande, une eau propre, et un minimum de paix...

– Une piscine plus grande, vous plaisantez ! Celle-ci m'a coûté les yeux de la tête... Ah, je vois où vous voulez en venir ! Vous voudriez que je les relâche dans l'océan, hein ?

– Exactement ! s'écria Jessica, incapable de

se contenir. Ils vont mourir si vous les gardez là ! Ils sont si malheureux !

– Tu te trompes, fillette. Vois comme ils sourient ! Ils n'arrêtent pas de sourire, c'est un vrai bonheur de les regarder ! Et le vétérinaire prend soin d'eux. Maintenant, si vous voulez bien m'excuser, j'ai du travail…

– Une seconde ! le retint Lisa. J'aimerais parler à ce vétérinaire.

– Sans problème ! Venez dans mon bureau, je vais l'appeler.

– Je reste filmer, annonça Gina, si ça ne vous dérange pas.

– Oui, allez-y ! Filmez tout ce que vous voulez ! Et si vous avez faim ou soif, demandez au barman. C'est la maison qui régale !

– Juste une chose, *señor* Martinez !

– Oui ?

– Peut-on arrêter la musique, s'il vous plaît ? Ça me donne la migraine, prétexta Gina.

L'hôtelier fit la grimace :

– On n'éteint jamais la sono, *señora* ! Les clients aiment ça. « Distractions et décibels à gogo », telle est notre devise ! Mais, si vous insistez, je peux baisser le volume.
– Ce serait gentil. Les dauphins apprécieront aussi, croyez-moi !
Le directeur éclata de rire. Lisa mit les choses au point :
– Il ne s'agit pas d'une plaisanterie ! Les dauphins ont l'ouïe très fine. Votre techno à plein régime doit les stresser affreusement.
Ils s'éloignèrent. Un instant plus tard, le volume sonore diminua.

9

Jessica se retourna vers la piscine, le cœur serré. Dire qu'il faudrait peut-être des mois pour obtenir qu'on relâche les prisonniers ! Elle se raccrocha au dauphin porte-bonheur en argent qu'elle portait au cou. « Pourvu, pourvu qu'on réussisse ! Et vite ! »
Prête à filmer, Gina demanda :
– Chérie, essaie de les attirer vers toi. Je vais tourner quelques prises tant qu'on est tranquilles. Je reviendrai ce soir, à l'heure d'affluence. Il faut que l'opinion publique saisisse toute l'horreur de la situation.

Contente d'avoir une mission à accomplir, Jessica s'assit au bord du bassin. Les dauphins, effrayés, ne bougeaient pas. Elle les couva du regard avec tendresse, tentant de les hypnotiser. « N'ayez pas peur, je suis votre amie », répétait-elle très fort dans sa tête.

Enfin, le plus gros sembla capter le message. Il se dégagea, sortit la tête hors de l'eau et nagea vers elle sans la quitter des yeux.

– Salut, toi ! lançait-elle. Je suis Jessica. Et toi ?

Elle espérait un sifflement, un clic… Rien ne vint.

– Il faut que je te trouve un nom, c'est plus sympa pour bavarder, continua la jeune fille. Voyons, tu n'as pas de marque distinctive… Oh ! Je sais ! Pour te porter chance, je t'appellerai Evadido ! Je ne suis pas trop douée en espagnol, mais je crois bien que ça veut dire « évadé ». Hein, que tu meurs d'envie de t'évader de ta prison, *Evadido mio* ?

Les deux autres, sans doute des femelles,

s'approchèrent à leur tour pour observer la visiteuse. Elle siffla, mais la sono était encore trop forte…

Découragée, elle leva les yeux vers sa mère, qui rangeait sa caméra.

– Je vais retrouver Lisa, j'ai des coups de fil à passer, annonça Gina. Tu viens avec moi ou tu nous attends ici ?

– Cet endroit est horrible, mais je préfère rester. J'essaie de les apprivoiser. Ce n'est pas évident, avec ce bruit !

– Bon courage, ma grande ! Je n'en ai pas pour longtemps.

Jessica reporta son attention sur les dauphins. Ils semblaient plus vifs, ce qui la rassura un peu. Elle examina les femelles, cherchant un signe particulier pour les baptiser…

Soudain, une voix lui fit lever la tête. Une fille de son âge en robe blanche, ses longs cheveux bruns nattés dans le dos, se tenait au bord du bassin. Souriante, elle lui parlait. En espagnol…

Jessica se mit debout, mal à l'aise. Elle ne

comprenait pas un mot ! « Une chance que Brittany ne soit pas là ! » L'inconnue s'interrompit, attendant sans doute une réponse.

– Euh ! Désolée… *Yo... yo no hablo español.*

– Oh, tu es américaine ?

– Oui. Je suis ravie que tu parles anglais ! Je m'appelle Jessica. Et toi ?

– Clemencia. Tu es en vacances à l'hôtel ?

– Non ! On est là pour les dauphins…

– Ils sont beaux, hein ! Je viens les voir tous les jours… Je les adore !

– Moi aussi. Mes parents sont océanographes.

– Super ! Tu dois tout savoir sur les dauphins. Ça me passionne ! Tiens, regarde, voici Luna…

L'une des femelles, le bec hors de l'eau, jacassa un instant avant de replonger. Clemencia éclata de rire :

– On dirait qu'elle me reconnaît ! Tu as vu, elle nous a dit bonjour !

– Luna, c'est son nom ?

– Oh, c'est moi qui l'appelle comme ça. Si tu l'observes de près, tu distingueras une

marque au coin de l'œil. Ça ressemble à un croissant de lune.
– Tu as aussi baptisé les autres ?
– L'autre femelle, c'est Linda. En espagnol, « linda » est un petit nom affectueux. Ça veut dire qu'elle est mignonne et que je l'aime… Je n'ai pas encore trouvé pour le plus gros…
– Moi, si ! Je les nomme par ordre alphabétique. La dernière que j'ai baptisée, un bébé, c'était Dragée. Lui, il appartient au monde sauvage, alors, j'ai choisi Evadido !
– Très original ! Evadido, Luna et Linda. Ça a l'air de leur plaire… Tu vois, ils nous sourient !
– Ils ne sourient pas, Clemencia, c'est leur expression normale. Pour être honnête, je les crois plutôt malheureux ici.
– Pourquoi ? Qu'est-ce qui te fait penser ça ?
Jessica entreprit de lui raconter la raison de leur voyage au Mexique. Quand elle en vint à la campagne de sensibilisation, Clemencia s'écria :

– Je vais vous aider ! Tu as raison, les dauphins doivent retourner chez eux. Dès que j'aurai dit à mon père…
– Jessica !
Gina arrivait avec Lisa. Elle annonça :
– On s'en va !
Sans même laisser à Jessica le temps de la présenter, Clemencia lança :
– Il faut que vous parliez des dauphins à mon père. Je vous en prie, venez à la maison !
– Eh bien, c'est gentil à toi, mais on a du travail, fit Gina, surprise. En plus, c'est l'heure du repas.
– Justement, vous déjeunerez chez nous ! Venez, c'est in-dis-pen-sable, croyez-moi !
– Comment ça ? demanda Lisa, intriguée par la fougue de la jeune Mexicaine.
– C'est mon père qui a donné au *señor* Martinez l'autorisation pour les dauphins. Il est… comment dit-on en anglais ? *alcalde*…
Le visage de Lisa s'éclaira :
– Ça alors ! Ton père est le maire de cette ville ?

10

Clemencia habitait tout près. Parlant avec elle sur le chemin qui longeait la plage, Jessica reprit espoir. Dans son dos, sa mère discutait avec Lisa.

– Qu'a dit le vétérinaire ?

– Selon lui, ceux qui ont survécu sont jeunes et en bonne santé. Il a noté leur état de stress, qu'il juge passager. Il a peut-être raison, certains parviennent à s'adapter…

Jessica se mêla à la conversation :

– Il sait de quoi l'autre est mort ?

– C'était une femelle. L'angoisse provo-

quée par la capture et le voyage en avion l'a terriblement affaiblie… Elle était enceinte !
– Oh, mon Dieu !
Les yeux pleins de larmes, Jessica serra les poings, plus déterminée que jamais à libérer Evadido, Linda et Luna.
– Nous y voilà ! annonça à cet instant Clemencia.
Elle poussa une porte en fer forgé qui s'ouvrait au centre d'un long mur blanc. Les visiteuses découvrirent un grand jardin, plein d'arbres en fleur et de superbes massifs, qui entourait une belle demeure. Un homme élancé en sortit et vint à leur rencontre. Clemencia sourit :
– C'est mon papa.
Jorge Diaz avait un visage agréable, orné d'une moustache soigneusement taillée. Ses yeux bruns étaient ourlés de longs cils recourbés, comme ceux de sa fille. Clemencia lui présenta ses nouvelles amies. Il leur serra la main avec chaleur :
– Heureux de faire votre connaissance ! Naturellement, vous restez déjeuner ?

– C’est trop aimable à vous ! le remercia Gina.
– Pas du tout ! J’ai toujours plaisir à recevoir du monde. Malheureusement, ma femme s’est absentée pour la journée, vous ne la verrez pas. Entrez, qu’on bavarde tranquillement.
Il les mena jusqu’à un vaste salon, haut de plafond, où tournait un ventilateur, entretenant une température agréable. À peine s’étaient-ils assis qu’une femme en tenue de domestique apparut avec un plateau de rafraîchissements. Jessica se rendit compte qu’elle mourait de soif.
Clemencia se lança dans une tirade animée en espagnol. Son père l’arrêta :
– Soyons polis avec nos invitées. Parle anglais, *querida* !
– C’est trop dur pour moi de bien expliquer… Oh, toi, Jessica, tu pourrais le faire ?
La jeune fille faillit s’étrangler. C’était une chose de papoter avec quelqu’un de son âge, mais s’adresser au maire ! Elle lança un regard suppliant à Lisa, qui vola à son secours :

– *Señor Diaz*, je travaille pour la Ligue de Protection des Cétacés. Mon organisme m'envoie enquêter sur des dauphins sauvages qui ont été capturés et qui vivent ici dans des conditions atroces.
– Vous parlez de ceux du Miramar? s'étonna le maire. L'hôtelier est quelqu'un de bien! Peut-être vos informations sont-elles erronées…
– Non, Papa! s'écria Clemencia avec feu. Jessica m'a tout expliqué. C'est cruel de les garder dans ce bassin minuscule, avec la sono à pleins tubes… Ça leur fait mal aux oreilles. Et le *señor* Martinez a mis trop de chlore dans l'eau, c'est hyper dangereux!
Elle s'interrompit, hors d'haleine. Son père la considéra d'un air songeur:
– Ces dames t'ont convaincue, *querida*, à ce que je vois!
– Oui! Demande-leur… Les dauphins vont mourir si on ne les libère pas!
– Eh bien! Je n'en crois pas mes oreilles! Toi qui étais si excitée à l'idée que les dauphins viennent ici…

– Justement ! Je les adore. Maintenant que je sais qu'ils sont malheureux, je ne veux plus qu'on les garde. Ils appartiennent à l'océan !

La domestique vint annoncer que le déjeuner était servi. Le maire se leva :

– Nous poursuivrons notre entretien à table.

Les larges baies vitrées de la salle à manger donnaient sur le jardin. La grande table était déjà parée de plats appétissants : tortillas, avocats aux crevettes, poulet épicé, salades… Les visiteuses, affamées, y firent honneur. La conversation s'orienta sur la cuisine mexicaine. Puis le père de Clemencia revint à la question du jour :

– Il me semble que vous disposez d'arguments solides. Je suis moi-même un fervent ami des animaux, j'adhère aux convictions de la Ligue. J'ai bien compris qu'il vaudrait mieux qu'ils vivent libres…

Le cœur de Jessica s'arrêta de battre. « Une victoire si facile ! » Mais le visage du maire s'assombrit :

– Hélas, notre pays autorise l'utilisation des

dauphins pour divertir le public. Le *señor* Martinez est parfaitement en règle. Je suis bien placé pour le savoir…

– Permettez-moi d'en douter, *señor* Diaz, répondit poliment Lisa. Il existe des lois contre la cruauté envers les animaux. J'admets qu'il ne s'agit pas de cruauté délibérée. Toutefois, le *señor* Martinez manque d'expérience… et de jugeote ! Êtes-vous au courant de son projet de toboggan ?

– Non, de quoi s'agit-il ?

– De ces gros tubes qui projettent les nageurs dans une piscine. Eh bien, voici ce qu'il envisage : catapulter ses clients au milieu des dauphins !

– Mais c'est horriblement dangereux ! s'écria Jessica.

– Exact, confirma Lisa. Ils vont être terrorisés, sans parler des coups qu'ils risquent de prendre ! Imaginez ces bombes étranges qui leur tomberont dessus en hurlant ! De quoi devenir fou ! Les dauphins peuvent souffrir de maladie mentale, tout comme un être humain qu'on torture ! Le *señor* Martinez

devrait comprendre que son projet est barbare !
– J'y veillerai ! déclara fermement le maire, qui avait pâli. Il est hors de question que j'autorise ce genre d'atrocités !
– Oh oui, Papa, je t'en prie ! *Por favor*, sauve les dauphins !
– Ce n'est pas si simple ! soupira-t-il. L'hôtelier a énormément investi là-dedans. Il ne libérera les dauphins qu'en échange d'une compensation…
– Alors, achetons-les ! lança Gina avec fougue.
Tous la regardèrent, stupéfaits. Elle sourit :
– Ce devrait être faisable… Juste avant notre départ, le Dr Taylor m'a confirmé que la PétroCo tenait énormément à la réussite de cette mission. Ils sont disposés à racheter les dauphins, au cours du marché… Sous réserve, bien sûr, que la télévision martèle le message suivant : « PétroCo, le meilleur allié des dauphins. »
Tous éclatèrent de rire, sauf Lisa.
– Il y a un problème ? lui demanda Jessica.

– Je le crains ! J'ai envisagé cette éventualité avec l'hôtelier, à tout hasard. Il a déjà reçu plusieurs offres de ses confrères. Or, il refuse de se séparer des dauphins. « Il les aime trop », comme il prétend… À mon avis, ce fin renard flaire que ses coûteux pensionnaires vont, à la longue, être pour lui une mine d'or.

Jessica grinça des dents. Jorge Diaz resta un instant songeur, puis son visage s'éclaira :

– Il va falloir marcher sur la pointe des pieds, mais j'ai une idée ! Je sais comment convaincre le *señor* Martinez de vendre…

11

Le maire les fit languir jusqu'au café avant d'exposer son plan. Il remit un bloc de papier et un stylo à Lisa :

– Listez les aménagements que le *señor* Martinez devrait apporter au Bar de la Plage pour que les dauphins y vivent à l'aise.

Lisa fit la grimace :

– Je croyais que vous alliez le persuader de vendre…

Le maire eut un sourire malicieux :

– Je m'y emploie ! Je le connais, il est têtu ! Il faut ruser. Allez-y !

– Eh bien, je peux suggérer des améliorations, mais il devra engager de grosses dépenses…
– Parfait !
Jessica ouvrit des yeux ronds.
– Plus c'est cher, mieux c'est ! poursuivit le mairc. N'hésitez pas : prescrivez une installation exemplaire, de gros travaux, hors de prix.
– Le *señor* Martinez n'acceptera jamais ! soupira Lisa. Je ne comprends pas…
– Moi non plus, Papa ! Dis-nous ! s'impatienta Clemencia.
Jorge Diaz se rendit :
– Offensive diplomatique ! Demain matin, nous irons ensemble au Miramar. J'expliquerai au *señor* Martinez que les touristes américains boycotteront son hôtel s'il garde les dauphins dans de telles conditions. Il sera ruiné, et la réputation de notre ville va en prendre un coup ! Alors, j'insisterai pour qu'il prenne des mesures immédiates…
Il but une gorgée de café et continua, les yeux pétillants :

– Quand il apprendra le coût des aménagements, il va s'effondrer. Je l'entends déjà gémir : « *Dios mío ! Tanto dinero ! Imposible !* Je dois vendre… »
– Et les dauphins seront rachetés par PétroCo ! s'enthousiasma Jessica.
– Ou par un hôtelier qui fera une offre plus intéressante ! objecta Lisa. On se retrouverait alors à la case départ !
Le sourire du maire s'élargit :
– Je connais bien notre homme, il vendra à PétroCo, croyez-moi ! Vous l'avez deviné, c'est un fin renard, habile en affaires. Depuis six mois, il essaie d'ouvrir une station-service près de l'hôtel Miramar. Jusque-là, les compagnies pétrolières lui ont demandé des sommes exorbitantes…
Gina éclata de rire :
– Oh, laissez-moi deviner ! S'il leur cède les dauphins, la PétroCo lui consentira des conditions avantageuses, c'est ça ?
– Bingo !
– Alors, ça va marcher ! gloussa Gina.
Radieuse, Clemencia se pencha vers son

amie Jessica pour lui murmurer à l'oreille :
– Tu vois ? Je t'avais dit que papa nous aiderait !

Le lendemain, pour faire bon poids, Jorge Diaz s'était rendu au Miramar dans sa limousine officielle, conduite par son chauffeur. Il avait pris rendez-vous avec le directeur de l'hôtel, sans préciser qu'il serait accompagné. Le *señor* Martinez fut encore plus surpris quand le maire exigea que la réunion ait lieu au Bar de la Plage. Pour la première fois de sa vie, l'hôtelier dut couper la sono !
Tandis que les pourparlers s'engageaient en espagnol, Jessica et sa mère allèrent au bord de la piscine. L'odeur de chlore était moins forte, et l'eau était propre, sans doute en l'honneur de l'important visiteur.
Quand Jessica s'assit au bord du bassin, Linda et Luna vinrent la saluer.
– Bonjour, mes belles ! lança-t-elle. Vous vous souvenez de moi ? sourit-elle.
Elles ouvrirent le bec plusieurs fois en guise de réponse avant de s'éloigner. Jessica les

suivit des yeux. Elle vit avec plaisir qu'Evadido exécutait des tours de piscine à toute vitesse. « Il est en pleine forme, tant mieux ! »
Pourtant, au bout d'un moment, son sourire disparut. Evadido tournoyait à s'en donner le vertige, sans jamais bondir ni même mettre la tête hors de l'eau pour respirer. « Je n'ai jamais vu un dauphin faire ça ! »
Elle leva les yeux vers sa mère, qui semblait aussi inquiète.
– Étrange ! marmonna Gina.
Toutes deux observaient attentivement le comportement du mâle. À chaque virage, il se cognait la tête contre le bord en raclant le béton de tout son corps.
– Mais ça doit lui faire mal ! s'affola Jessica.
– Quelque chose ne va pas ! Il en a assez d'être prisonnier, commenta Gina, alarmée.
Evadido venait de buter encore plus fort contre un angle. Jessica frissonna :
– Tu crois qu'il le fait exprès ?
– J'en ai peur ! Certains animaux refusent

purement et simplement de vivre en captivité. Ils préfèrent mourir…

Des larmes de rage brûlaient les yeux de Jessica. Elle serra les poings : « Vite, il faut les sortir de là avant qu'il ne soit trop tard ! »

Elles retournèrent précipitamment au bar, où le ton avait monté. Le *señor* Martinez criait, furieux. Alors leur parvint la voix calme de Lisa qui citait PétroCo. Ce nom eut un effet magique sur l'hôtelier, qui répéta, incrédule :

– La PétroCo ?

– Oui !

Jessica ne put suivre la conversation, trop rapide. Un mot revenait souvent : *delfines*, dauphins. À présent, le *señor* Martinez couvait Lisa du regard, comme si elle était une bonne fée. Il se mit à parler avec passion en agitant les mains. Pour conclure son discours, il mima le geste de prendre les dauphins dans ses bras pour les offrir à son interlocutrice. Remarquant la présence de Gina et Jessica, il passa à l'anglais :

– S'il vous plaît, dites à la PétroCo que je

les félicite d'être les alliés des dauphins ! Qu'ils sachent que moi, Pedro Martinez, je suis leur meilleur ami. Je leur offre ces dauphins, avec tous mes vœux d'une longue et fructueuse collaboration entre nous !

Le 24 septembre au matin,
dans le vol Acapulco-Kingston

Maman et moi regagnons l'Étoile bleue. Lisa est restée pour organiser le transfert des dauphins. Ils seront ramenés près de l'Amigo del Mar, où on attendra leur retour. Je verrai donc Evadido, Linda et Luna retrouver leur mer natale!

Ils vont emprunter un vol spécial, accompagnés de Lisa et d'un vétérinaire. Pourvu que ça ne réveille pas de mauvais souvenirs! Evadido était si désespéré, j'ai peur qu'il se laisse mourir... Lisa m'a rassurée: elle va veiller sur lui comme une mère qui dorlote son bébé!

Quelle chance d'avoir rencontré Clemencia ! Avant de partir, j'ai sauté au cou de son papa. Elle aussi, et maman, et Lisa. On s'est tous enlacés en riant et pleurant de bonheur...

12

Ayant rejoint l'*Étoile bleue* à temps pour le dîner, Gina et Jessica relatèrent leurs aventures à table.

– Bon boulot ! applaudit Craig. J'aurais voulu voir ça ! Les trois mousquetaires en action !

– Quatre ! rectifia Gina. On n'aurait rien pu faire sans Jorge Diaz.

– Cinq ! renchérit Jessica. C'est grâce à Clemencia qu'on a eu le soutien du maire.

– Vous avez de la chance ! soupira Craig. Ici, il ne s'est rien passé.

– Pas d'attaque de pirates ? rit Gina.
– Non, rien de rien !
– Faux ! objecta le Dr Taylor. J'ai abattu un travail considérable. Aussi ai-je l'honneur et l'avantage de vous annoncer que l'étude sur la population des dauphins sera bouclée demain soir.
– Magnifique ! le félicita Gina. Lisa va être ravie.
– Moi aussi, j'ai bossé comme une bête ! annonça fièrement Sean. Je connais ma table de cinq !
– C'est vrai, confirma Maddie.
– Il nous la serine cent fois par jour ! gémit Brittany.
Gina embrassa Sean et se tourna vers Jimmy :
– Et toi, bonhomme ?
– Euh, je la sais presque…
– Pas vrai ! grommela son jumeau.
– J'ai dit *presque*…
Maddie intervint, sentant venir une dispute :
– Il ne te manque qu'un peu de pratique ! On s'en occupera demain. Ce soir, c'est fête !

– N'oublie pas le contrôle d'espagnol ! lui rappela Brittany. Jessica a dû faire de sacrés progrès ! J'ai hâte de voir ça…
Jessica rougit. Au Mexique, elle avait surtout parlé anglais.
– Lisa trouve que mon accent s'améliore, signala-t-elle à Maddie.
– Tant mieux ! Mais tu devrais réviser la grammaire.
« Et toc ! Retour à la vie réelle ! M'en fiche, je viens de passer des jours extra ! »
– Entendu ! Je m'y colle tout de suite ! dit-elle en quittant la table.

Tôt le lendemain matin, Jessica monta sur le pont dans l'espoir d'apercevoir Frida. Elle n'eut pas longtemps à attendre. Un « splash ! » la fit regarder du côté de l'*Amigo del Mar*. Un dauphin émergea d'un bond près de la coque. Jessica reconnut aussitôt les couleurs de la femelle hybride. Frida semblait monter la garde autour du bateau.
– Coucou, Frida ! Il n'y a personne là-bas… Viens me voir !

La femelle vira pour nager dans sa direction. Elle jaillit hors de l'eau et fixa la jeune fille de son œil rond. Puis elle se mit à jacasser et siffler.
– Tu es bien excitée, ma belle ! Tu te demandes où est passée Lisa, hein ? Ne t'inquiète pas, elle va bien. Elle revient bientôt, avec des copains à toi !
Frida se calma un instant. Avait-elle compris le message ? Plus que jamais, Jessica regrettait de ne pas parler « dauphin ».
– Lisa va revenir, je te le jure ! reprit-elle. En attendant, je te tiens compagnie, O.K. ?
La femelle, qui ne semblait pas rassurée, émit une série de clics aigus. Puis, elle plongea et alla reprendre sa ronde autour de l'*Amigo*. Elle sifflait à chaque virage, très fort.
« On dirait qu'elle sonne l'alarme ! Pourquoi ? Vivement que Lisa rentre ! Elle, elle comprendra ce qui inquiète son amie ! »

13

Le 25 septembre, après-midi

Complètement raté le contrôle d'espagnol... Bien sûr, Brittany a eu 20 ! J'ai eu le droit au petit sourire supérieur ! Maddie me conseille de m'appliquer davantage. J'ai du mal ! En Floride, Lindsay me donnait un coup de main...

– Oh, Miss Mexique révise son vocabulaire dans son journal, maintenant ? gloussa

soudain Brittany. Ce serait plus malin d'étudier ! Tu resteras nulle à vie si tu continues à gribouiller n'importe quoi là-dedans.
Jessica l'aurait giflée ! Elle se retint, et dit calmement :
– Je me demande comment tu t'y prends pour être aussi forte en espagnol… Ça semble évident pour toi. Tu ne pourrais pas m'aider ?
Brittany, prise au dépourvu, balbutia :
– Eh bien, euh… je… je veux bien essayer.
Jessica lui tendit la liste de mots que Maddie lui avait demandé d'apprendre.
– Tu me les lis à voix haute, et je répète après toi, d'accord ?
– Non, je n'en ai pas envie !
– Oh, excuse-moi ! Tu es si douée à l'oral… Du coup, j'avais oublié tes problèmes de lecture et d'écriture…
Brittany s'empourpra. Ayant marqué un point, Jessica poursuivit plus gentiment :
– À la maison, ma meilleure amie m'aide en espagnol. En échange, je lui donne un coup de main en musique et en dessin… On pourrait faire pareil ?

– Voyons, que je réfléchisse… Oh, je sais ! Tu lis les mots, je les répète, comme ça, tu les mémorises avec la bonne prononciation. Ça te va ?
– Impeccable ! On s'y met ?

Après une demi-heure de travail, les deux filles s'accordèrent une pause. Jessica n'en revenait pas d'avoir convaincu Brittany ; elle avait même pris plaisir à cette séance de travail en commun.
Sur le pont, Harry jouait aux échecs avec Mei Lin. Sam briquait les chromes du voilier, déjà étincelants. Craig scrutait le large. Jessica alla le rejoindre.
– Tu as vu Frida ? demanda-t-elle.
– Pas depuis un bon moment. Mais j'ai repéré un groupe de tursiops. Ils m'ont l'air de pêcher.
– Où ça ?
Craig indiqua la direction en lui passant les jumelles. Jessica mit un instant à faire le point. Elle repéra une mouette qui planait assez bas. L'oiseau s'abattit sur l'eau et

attrapa un poisson. En le suivant des yeux, Jessica aperçut le groupe de dauphins.
Ils filaient, plongeaient, bondissaient, enchantés de leur festin. « C'est autre chose qu'une piscine à Acapulco ! Heureusement, nos prisonniers vont retrouver la liberté. Qui sait ? Ils vont peut-être rejoindre cette joyeuse bande de gloutons ! »
Jessica tenta de les compter. Elle arrivait à seize quand elle remarqua un bateau qui semblait les suivre.
– Tu as vu ce gros bâtiment ? demanda-t-elle à son père en lui rendant les jumelles.
– On dirait un bateau de pêche ! Pourtant, c'est bizarre, il n'est pas assiégé par les mouettes. D'habitude…
Sam vint les rejoindre, intrigué :
– Quelque chose de particulier ?
Craig fixa le bateau avec ses jumelles et annonça :
– Un bâtiment cubain, d'après son immatriculation. Nom : *El Tiburon*. Ils ont des filets en masse. Pourtant, ils ne pêchent pas en ce moment. Avec tous ces poissons autour…

– *El Tiburon* signifie « le requin », annonça Brittany.

Jessica eut soudain la chair de poule.

– Les requins sont les ennemis jurés des dauphins. Ils les pourchassent, s'écria-t-elle.

– Ce n'est qu'un nom ! gloussa Brittany.

– Un nom méchant ! s'entêta Jessica. Et ces gens-là guettent les dauphins !

– En effet, admit son père. Tous ces filets… Ils pourraient servir à autre chose qu'au poisson…

– Ils veulent les capturer, j'en suis sûre ! gémit Jessica.

– On les suit ? suggéra Sam.

– Bonne idée ! acquiesça Craig. Harry, si on lève l'ancre tout de suite, on a une chance de rattraper ces types ?

Le capitaine, ravi de bouger, abandonna son échiquier.

– Avec ce vent, sans problème, même s'ils accélèrent.

– Alors, on y va !

– On pourra les arrêter s'il essaient de prendre des dauphins ? voulut savoir Jessica.

– Je l’ignore. En tout cas, il faut ouvrir l’œil. Je vais noter leur immatriculation…
– Pour la transmettre aux autorités ?
– Éventuellement. On dirait que quelque chose les retient. Je pense qu’ils n’ont pas obtenu de permis. En ce cas, ils ne se risqueront pas à faire quelque chose d’illégal en notre présence… En revanche, s’ils ont des papiers en règle, on sera impuissants, j’en ai peur…
L’excitation gagna tous les passagers de l’*Étoile bleue*. Comme Harry l’avait dit, le voilier filait bon train.
– Eux n’avancent pas vite, observa Craig. Ils se contentent sans doute d’explorer les lieux.
– J’aimerais bien savoir pourquoi ! dit Gina.
– Il y a un moyen : la radio, suggéra Sam. Établissons le contact et demandons-leur qui ils sont et ce qu’ils font là.
– Tu parles, si c’est des bandits, ils vont pas nous le dire ! s’enflamma Jimmy.
– En effet, fit Craig. Mais, Sam, l’idée de la radio est excellente ! Simplement, au lieu d’établir le contact, on va juste se mettre à

l'écoute pour essayer de capter des messages…

– Je m'en charge ! dit Gina. Maddie, votre espagnol est bien meilleur que le mien. Vous voulez bien venir ?

– Volontiers !

Jessica était partagée. Que faire ? Rester sur le pont ou suivre les événements à la radio ? Elle aurait aimé pouvoir être partout à la fois !

– Je descends, décida Brittany. Et toi ?

– Moi aussi !

En entrant dans la petite salle de contrôle, Jessica crut reconnaître la diffusion d'un avis météo.

– Des trucs intéressants ? demanda-t-elle.

– Oui, répondit Maddie : « Garde-côtes, marine marchande, trois nationalités différentes… »

– Écoutez ! l'interrompit Gina, qui manipulait les boutons.

Un homme parlait en espagnol. Il dit plusieurs fois le mot *delfines*, le seul que Jessica pouvait identifier. Un autre homme lui répondit…

– Que disent-ils ? Traduisez ! supplia Jessica.
Maddie mit un doigt sur ses lèvres. Brittany chuchota à l'oreille de Jessica :
– Il vient de signaler : « On pourrait en prendre autant qu'on veut ! Ils sont en groupe, on les cueillerait comme une grappe de raisin. Ils n'essaient même pas de se sauver. On n'aura jamais de meilleure occasion ! »
– Oh, non ! s'écria Jessica, horrifiée.
– Chut ! lui ordonna Gina.
Une autre voix leur parvint. Brittany traduisit à voix basse :
– Celui-ci proteste : « Non, n'en faites rien ! Si tu me crées des ennuis, César, je... je te vire... D'ailleurs, pourquoi être sorti aujourd'hui ? Tu sais bien que je n'ai pas encore les permis... »
« Ouais ! » triompha intérieurement Jessica.
Brittany poursuivit sa traduction :
– Là, César râle : « Rubio, tu m'avais promis, pour le permis ! » Et Rubio répond : « Ouais, je sais... C'est en cours, il ne manque que le tampon officiel... Vendredi,

juré ! D'ici là, patience... Les dauphins reviennent toujours pêcher au même endroit. Comme toi, mon pote : tu as ton bar familier, tes copains de beuverie, vous vous retrouvez tous les soirs, après le boulot... Écoute, on ramènera *El Tiburon* en fin de semaine, avec les papiers... Et, là, à nous les bons gros dauphins ! »
Il y eut une pause. Puis César reprit :
– *Por tanto... Comprendo...*
Et ce fut le silence.
– Ouf, soupira Gina, ils s'en vont ! On a quelques jours devant nous. Allons rejoindre les autres.
Jessica, Brittany et les jumeaux observèrent *El Tiburon*, curieux de ce qui allait suivre. Au bout d'un moment, un homme sortit de la cabine avec une sorte de gros ballon orange fluo, qu'il jeta par-dessus bord.
– Une bouée flottante, commenta Sam. Ils marquent l'emplacement.
Peu après, le moteur rugit. *El Tiburon* regagnait le rivage cubain.

14

Sitôt le bâtiment hors de vue, l'*Étoile bleue* s'approcha de la balise orange. Harry manœuvra afin que Sam puisse repêcher la bouée et la hisser à bord.

Jessica et les jumeaux applaudirent.

– Ils ne retrouveront jamais leur proie ! gloussa Sean.

– Hélas, ce n'est pas si simple ! soupira Gina. On ne fait que gagner du temps. Est-ce du vol, de prendre cette balise ?

– Je ne vais pas la garder, s'esclaffa Sam. On la jettera ailleurs…

– Je me fiche que ce soit du vol, s'écria Jessica. Ils veulent kidnapper les dauphins ! Si je pouvais, je piquerais leur bateau !

Le 26 septembre au soir,
à l'ancre près de l'Amigo del Mar

J'écris sur le pont, au crépuscule. Frida est passée. Je lui ai fait un long discours, à propos de El Tiburon, lui conseillant de se tenir à l'écart et de faire gaffe... Pourvu qu'elle ait compris ! Les dauphins sont si naïfs ! Ils viennent saluer gentiment des inconnus... et se font attraper ! Ça me dégoûte ! J'ai envie de casser la gueule à ces gens... Ouais, ce soir, je suis en pétard !

– Jessica, à table ! cria Gina.
– J'arrive !
Tout le monde était déjà assis autour d'un plat de pâtes. L'humeur était sombre. Seul le Dr Taylor arborait une mine réjouie.

« Celui-là, il ne pense qu'à son estomac ! » maugréa intérieurement Jessica.
Erreur ! Le savant se racla la gorge et annonça :
– J'ai une nouvelle intéressante à vous communiquer. Je viens de terminer l'analyse des données de Lisa. Je vous ai apporté les résultats.
– Formidable ! le félicita Craig. Qu'est-ce que ça donne ? C'est positif ?
– Tout dépend du point de vue. Il y a eu trop de captures dans ces eaux. Les tursiops ne sont plus assez nombreux…
– Mon Dieu ! Ils risquent de disparaître ? s'affola Jessica.
– Non, le tableau n'est pas si sombre, heureusement ! Toutefois, la situation est préoccupante. En conséquence…
Il s'interrompit, sourit à ses auditeurs et reprit, triomphant :
– Par conséquent, en vertu des lois internationales, de nouvelles captures seraient illégales. Et PétroCo va veiller à ce que le monde entier l'apprenne dès demain matin !

– Alors, il n'y aura plus de permis délivrés dans cette zone ? s'écria Gina.
– Ouais ! hurla Jessica. Ils sont sauvés ! Docteur Taylor, vous avez sauvé les dauphins !
Rougissant, il balbutia :
– Oh, c'est un peu excessif ! Disons que j'ai, euh…
Un concert d'applaudissements lui coupa la parole.

Le 25 septembre,
très tard (peut-être déjà le 26 ?)

Papa et maman ont rédigé des communiqués de presse, qu'ils ont diffusés par Internet. Les permis ne seront plus délivrés !

J'ai décidé d'être plus gentille à l'avenir avec le Dr Taylor ! Lisa a demandé à lui parler au téléphone. J'ignore ce qu'elle lui a dit, mais il était rouge comme une pivoine ! Il est mignon, finalement…

Autre bonne nouvelle: Evadido, Linda et Luna vont bien. Ils arrivent dans trois jours! Je bous d'impatience... Dire que, tout à l'heure, j'étais de si mauvais poil!

Quelques jours plus tard, Jessica se trouvait sur le pont avec Gina. Les dauphins rescapés de leur prison à Acapulco avaient été transférés sur un bateau de la Ligue, le *Beluga*. Lisa avait établi un contact radio avec l'*Étoile bleue*, et Harry faisait voile vers le lieu de rendez-vous.

L'*Amigo* n'était plus visible depuis longtemps. Pourtant, Jessica s'aperçut qu'ils avaient de la compagnie.

– Regarde, Maman ! Frida nous a suivis !

Elles admirèrent la femelle dauphin qui surfait dans leur sillage.

– Ça m'étonnerait qu'elle continue, dit Gina. Elle n'est jamais allée aussi loin !

– Je lui ai annoncé qu'on allait chercher Lisa, expliqua Jessica.

Gina sourit :
– Oh ! Et tu crois qu'elle a compris ?
– Oui, je pense, même si je le lui ai dit en anglais ! Elle a dû reconnaître le nom de Lisa. Je suis sûre qu'elle a senti combien j'étais excitée ! Il y a de la joie dans l'air, elle veut en profiter… Tu paries ?
En effet, Frida était encore là quand ils rejoignirent le *Beluga*. Craig et Sam affalèrent les voiles, et Harry manœuvra pour s'approcher du gros bateau.
– Ohé, du *Beluga* ! cria-t-il.
Jessica repéra Lisa au milieu d'autres gens qui agitaient les bras. On lui passa un porte-voix.
– Ohé, amis de l'*Étoile bleue* ! J'arrive dès qu'on a relâché nos passagers de marque.
Apparut alors un grand coffre qui glissa contre le flanc du *Beluga*. Doucement, il s'enfonça dans l'eau. Quelqu'un manipula une télécommande pour faire coulisser les parois. Evadido en bondit comme une fusée. Des hourras s'élevèrent depuis les deux bateaux. Jessica pleurait de bonheur.

Linda et Luna suivirent. Sitôt réunis, les prisonniers libérés entonnèrent un chœur de sifflements.

– Hé, regardez à bâbord ! s'écria Craig. Voilà le comité d'accueil !

Jessica tourna la tête. Une douzaine de tursiops fendaient les flots dans leur direction. En un clin d'œil, les trois rescapés furent encerclés par le groupe. Et tout ce monde se mit à jacasser à qui mieux-mieux, en vieux copains qui se retrouvent. « Où étiez-vous passés ? Comment ça va ? Vous nous avez manqué ! On est si contents de vous voir ! » traduisit librement Jessica, plus douée en « clics » qu'en espagnol.

Bientôt, les dauphins s'éloignèrent. « Peut-être se méfient-ils des bateaux. Ou alors, une fête est prévue quelque part », songea Jessica en les regardant filer, à la fois heureuse et triste.

– Où est passée Frida ? demanda-t-elle à sa mère.

– Elle est juste là, sous ton nez. À mon avis, elle attend quelqu'un.

Gina pointa le doigt vers l'autre bateau. Lisa, en maillot de bain, était perchée sur le bastingage. Elle plongea. Frida se précipita à sa rencontre. Les deux amies, folles de joie, se lancèrent dans un ballet nautique délirant.

Le 1er octobre après-midi,
mer des Caraïbes

Ce matin, adieux émus à Lisa et Frida. Une heure après avoir levé l'ancre, on était en plein cours d'histoire quand Harry nous a appelées sur le pont.

Il y avait des dauphins partout! À droite, à gauche, derrière, une bonne centaine! (Papa affirme en avoir compté 110; Maddie, 103.)

Moi, je n'ai même pas essayé! C'était comme un rêve... Ils surfaient, bondissaient, plongeaient en chantant comme des fous. Tous les mots de leur répertoire y sont passés. Ça a duré une bonne demi-heure...

Quelle fête! Je parie que Evadido, Linda et Luna ont organisé cette surprise pour nous remercier. Ils ont réussi! J'en ai encore des frissons...

EXTRAIT

Et voici une autre aventure
de Jessica et l'équipage de l'*Étoile bleue*
dans

LE FLEUVE ENCHANTÉ

SPÉCIAL DAUPHINS
S.O.S. ANIMAUX

EXTRAIT

1

Le 31 octobre au matin,
dans la mer des Antilles

Une bande d'orques vient de nous rendre visite! Elles sont superbes et rigolotes comme tout. On les appelle aussi épaulards. Dire qu'elles ont une réputation de tueuses de baleines! On ne s'en douterait pas à les voir s'amuser comme des folles... Ça me fait penser que c'est le jour de Halloween. Difficile d'imaginer que ce soir Lindsay et les autres vont se déguiser en sorcières. Ici, en route vers le Venezuela, il fait si beau! Un bon vent *nous pousse. Pourtant, Harry semble inquiet. Je vais aux nouvelles...*

Jessica se dirigea vers la barre où le capitaine, Harry Pierce, bavardait avec Craig et Gina McGrath. À cet instant, le second, Sam Tucker, émergea de la salle de radio.

– Je viens d'avoir la météo, annonça-t-il. Les prévisions sont
mauvaises…

– Une dépression ? fit Harry. Avec ce vent, je le craignais…

– Ils parlent carrément d'un ouragan ! Le cyclone Délilah.

Jessica frissonna.

– Pourtant, la saison est passée ! s'étonna sa mère.

– En principe, oui, acquiesça Harry. Mais il peut y en avoir jusqu'en novembre ! On est passés à travers cet été… Il semble que la chance ait tourné.

– Y a-t-il un port, dans les parages, où s'abriter ? s'enquit Craig.

– C'est trop tard, répondit Harry. Si on se dirige vers les Petites Antilles, on se jette dans la gueule du loup. Mieux vaut garder le cap au sud en croisant les doigts pour éviter sa trajectoire... S'il nous rattrape, au moins, l'œil du cyclone sera derrière nous. Avec un peu de veine, les vents ascendants tourneront à notre avantage...

– Souhaitons-le ! soupira Sam. En tout cas, ça ne va pas être du gâteau !

Gina tenta de plaisanter :

– Si je comprends bien, je dois procéder à une distribution générale de cachets contre le mal de mer !

– Bonne idée ! fit Harry sans sourire.

Le capitaine observa un instant l'horizon où se massaient de lourds nuages, puis il se tourna vers Craig :

– Vous voulez bien prendre la barre ? Je descends définir notre route à la salle des cartes. À mon avis, on a deux heures devant nous.

Jessica connaissait les dégâts commis par les ouragans, fréquents en Floride, son pays natal. Des monstres beaucoup plus effrayants – et réels – que ceux de Halloween ! Elle se sentit pâlir.

– Ma puce, tu devrais vérifier que tout est bien arrimé dans ta cabine, suggéra Gina. Conseille à Brittany et aux jumeaux d'en faire autant. Évitons que des objets volants non identifiés s'ajoutent à nos problèmes.

Elle plaisantait mais on voyait bien que le cœur n'y était pas.

Jessica descendit dans l'entrepont. Ses frères étaient déjà en état d'alerte.

– On va dans la cale aider Mei Lin à vérifier les pompes, annonça Jimmy.

– Y a intérêt qu'elles fonctionnent ! ajouta Sean. Sinon, quand les vagues géantes s'abattront sur nous, plouf ! On coulera !

Ses yeux bleus brillaient d'excitation :

– Mei Lin dit qu'elles sont parfois aussi hautes que des immeubles ! Jessica ne souhaitait pas en entendre davantage. Elle se rua vers la cabine qu'elle partageait avec Brittany, la fille du capitaine. Allongée sur sa couchette, la jeune fille écoutait de la musique, le casque de son baladeur C. D sur les oreilles. Remarquant la mine inquiète de Jessica, elle s'assit et demanda :
– Que se passe-t-il ?
Elle devint blanche comme un linge en apprenant la nouvelle.
– Un cyclone ? Mon Dieu, que va-t-on devenir ?
– Ton père croit pouvoir éviter le plus gros de la tempête... Mais ça risque de barder quand même !
– Oh, pourquoi maman m'a-t-elle confiée à papa au lieu de m'emmener à Paris ? se lamenta Brittany. Elle s'en mordra les doigts quand elle apprendra que je suis morte noyée !

– Personne ne va se noyer, répliqua Jessica. Harry s'est déjà sorti de plusieurs tempêtes. Il va s'en tirer aujourd'hui aussi !
Un coup fut frappé à la porte et Maddie entra. Assistante des McGrath, elle veillait aussi aux études des jeunes passagers.
– C'est l'heure des cours ! Ça ne vous ressemble pas d'être en retard, vous deux !
– Mais un ouragan va nous tomber dessus ! s'écria Brittany.
– Je sais, ma grande, et ça m'inquiète aussi. Mais il ne sert à rien de gémir. Tâchons plutôt de nous occuper l'esprit pendant qu'Harry et Sam veillent au grain.

La tempête s'abattit sur eux dans l'après-midi. D'un seul coup, la mer fut prise de folie. L'Étoile bleue semblait juchée sur un cheval sauvage. Malgré les cachets, Jessica sentait son estomac se soulever.
– On ne va pas couler ? demanda-t-elle à son père.

EXTRAIT

– Non, l'œil du cyclone est loin derrière. C'est vrai que le vent nous chahute fort, mais il nous écarte du danger. Harry sait ce qu'il fait, chaton. C'est le meilleur !

Personne n'eut faim ce soir-là. Consignés dans leurs cabines, les jeunes passagers se couchèrent tôt. Roulée en boule, son drap tiré jusqu'aux yeux, Jessica s'agrippait au bord de sa couchette en serrant les paupières. Elle écouta longtemps le rugissement de vent, le fracas des vagues contre la coque. Brittany grinçait des dents dans son sommeil. Comment pourrait-elle dormir par une nuit pareille ? Jessica dut pourtant s'assoupir elle aussi, car, lorsqu'elle ouvrit les yeux, un rayon de soleil illuminait la cabine. À travers le hublot, elle vit la mer, innocente et paisible.

EXTRAIT

Découvre vite la suite de cette histoire
dans

LE FLEUVE ENCHANTÉ

N° 506 de la série

SPÉCIAL DAUPHINS
S.O.S. ANIMAUX

SPÉCIAL DAUPHINS

S.O.S. ANIMAUX

501. Une belle amitié

502. Une histoire d'amour

503. Une chasse au trésor

504. Une naissance difficile

505. Prisonniers

Imprimé en R.F.A. par Clausen & Bosse

ÉCRIS-NOUS !

Si tu as envie

de nous parler de ta passion
pour les dauphins,

si tu veux

nous poser des questions
sur l'auteur et ses romans,
ou tout simplement nous dire
quels sont tes animaux préférés,

n'hésite pas à nous écrire !
Ta lettre sera peut-être publiée !

Attention !

N'oublie pas d'écrire ton nom et
ton adresse si tu veux qu'on te réponde !

Un métier de rêve

À Marineland, des scientifiques vivent leur passion toute l'année. L'équipe du C.R.C. (Centre de Recherche sur les Cétacés) embarque sur un bateau pour étudier en pleine mer baleines et dauphins. De longues journées passées à les observer permettent de mieux comprendre la vie de ces extraordinaires mammifères.

Un sanctuaire réservé aux cétacés

Les dauphins et les baleines sont très nombreux en Méditerranée. C'est pourquoi on leur a consacré un sanctuaire. Cette zone de 88 000 km² entoure la Corse et s'étend du Nord de la Sardaigne vers les côtes de la Provence et de l'Italie. Elle permettra d'améliorer la protection des mammifères marins et de mettre à disposition du public de nombreuses informations.

Photos : Alexandre Gannier - CRC